Impressum

Text: Sarah Nadine Habeck, Jacqueline Melzer, Anne Reddehase, Imke Schröder
Idee und Konzept: Rieke Kersting, Philipp Appenzeller
Lektorat & Satz: rap verlag
Grafik: www.gudrunbarthdesign.com
Druck und Weiterverarbeitung: Oeding Druck GmbH, Braunschweig

ISBN: 978-3-942733-05-2

1. Auflage 2012

©rap verlag, Freiburg im Breisgau, in der R.A.P. Presse-Verlag-Werbung GmbH

Kontakt: kontakt@rap-verlag.de

Alle Angaben in diesem Stadtführer erfolgen ohne Gewähr und ohne Anspruch auf Vollständigkeit.

»ENDLICH KIEL!«

Dein Stadtführer

Inhalt

Kiel ... endlich!

Nördlichste Unistadt Deutschlands, Großstadt an der Förde, die weltberühmte Kieler Woche, maritimes Flair, Möwengekreische und Kieler Sprotten – und das Meer bis fast vor die Haustüre! Lange hat diese Stadt auf Dich gewartet. Und endlich bist Du da!

... aber schon geht's los mit den Hindernissen, die sich Dir als Neuling in den Weg stellen: Du liest unzählige Wohnungsanzeigen, weißt aber nicht, in welchem Stadtteil Du eher ruhig, naturnah, besonders günstig, studentisch oder exklusiv wohnen kannst. Du möchtest am Wochenende

mal so richtig ins Nachtleben eintauchen, hast aber keine Ahnung, welche Clubs gerade angesagt sind. Du hast vergessen, für den Sonntag einzukaufen und fragst Dich, wo Du jetzt noch was zu essen herbekommst. Das sind nur ein paar der kleinen aber gemeinen Fallen, die Dir das Leben in einer neuen Stadt stellt.

Bis Du dich als Insider bezeichnen kannst, dauert es normalerweise eine ganze Weile, und bis dahin musst Du so einiges über Dich ergehen lassen. Aber damit ist jetzt Schluss: Dieses Buch soll Dir eben diese Jahre voller Holzwege, Selbstversuche, Entgleisungen und Kompromisse ersparen und Dir helfen, Dich in Kiel von Anfang an zu Hause zu fühlen. Essen, Trinken, Feiern und Genießen, Freizeit, Kultur, Spaß und einfach Leben – genau darum geht es in:

>>ENDLICH KIEL!<<

Damit Du Dich in der neuen Stadt ganz nach Deinen Vorstellungen einrichten und einleben kannst, haben unsere vier Kieler Autorinnen jeden Quadratzentimeter abgeklappert – immer auf der Suche nach den schönsten Ecken, den besten Leckerbissen, den ausgefallensten Kuriositäten und dem besonderen Etwas. Bei Wind und Wetter haben sie sich mit dem Fahrrad, den Öffentlichen oder dem Auto auf die Suche gemacht und – ausgerüstet mit Klemmbrett, Kamera und Forschergeist – die Sahnestücke von Kiel aufgestöbert. Und es hat sich gelohnt: Heute hältst Du tatsächlich dieses Buch in Deinen Händen.

Es ist vorläufig fertig, soll sich aber als Dein persönlicher Ratgeber und Begleiter immer wieder verändern und weiterentwickeln. Das Tolle ist also, Du darfst – ja sollst sogar – in diesem Buch herummalen, Kommentare an den Rand schreiben, nach Deinem Geschmack entsprechende Passagen unter- oder durchstreichen, markieren und aktualisieren und es durch Deine persönliche Note veredeln (natürlich nur, wenn das Buch Dir auch gehört, nicht, wenn Du es gerade im Buchladen durchblätterst). Um Dir die Hemmungen zu nehmen, haben wir selbst schon einmal angefangen mit notieren, kritzeln, und malen ...

Wir wünschen Dir viel Spaß mit

»ENDLICH KIEL!«

und Deiner neuen Stadt!

Rieke Kersting
Philipp Appenzeller

»ENDLICH KIEL!«
Jetzt auch online:
www.facebook.com/
Endlichkiel

Kiel

endlich

rap verlag

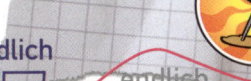
endlich

Häus

zu Hause

zu Hause

zu Hause

zu Hause

Wo
Wo wohnst Du?
Wo wohnst Du?
Wo
Gartenzaun
Heimat
wohnen
schön
zu Hause
gemütlich
endlich
Gartenzaun
Gartenzaun
schön
Nachbar
Häuschen
hen
Nachbar
gemütlich
Wohnung
Park
nung
Wohnung
zu Hause
Heimat
Häuschen
schön
endlich

zu Hause Park
gemütlich
wohnen Heimat

Gebrauchsanweisung

Am allerwichtigsten in einer neuen Stadt ist es, eine schöne, kuschelige Wohnung zu finden, in der man leben, feiern, relaxen, kochen, Freunde beherbergen und sich wohlfühlen kann. Aber ganz so einfach ist das nun mal nicht. Denn Du als Neukieler hast natürlich das gleiche Problem wie alle Neuankömmlinge in einer fremden Stadt: Wo kannst Du jetzt eigentlich so richtig gut wohnen und wo findest Du das, was Deinen Vorstellungen und nicht zuletzt Deinem Budget entspricht. Wenn Du jetzt bei der Wohnungssuche Namen liest wie „Südfriedhof", „Rönne", „Schrevenpark" oder „Neumühlen-Dietrichsdorf", bist Du genauso schlau wie vorher.

Auch wenn Du schon länger in Kiel bist, hast Du Dir sicherlich noch lange kein umfassendes Bild gemacht. Normalerweise dauert es viele Jahre, bis man die einzelnen Stadtteile kennt und beschließt: Stadtteil a, b oder c kommen für mich in Frage, der Rest aber nun einmal leider nicht. Wir möchten Dir die Orientierung und damit den Start in der neuen Stadt etwas erleichtern und stellen Dir hier die einzelnen Stadtteile auf handlichen Doppelseiten vor. Das entsprechende Lebensgefühl vermitteln wir Dir gleich dazu. So siehst Du fast auf einen Blick, ob Du hier wohnen möchtest oder nicht. Willst Du TATSÄCHLICH nur einen Blick riskieren, so halte Dich an die gelbe Infobox. Hier findest Du die wichtigsten Eckdaten im Überblick*:

Einwohnerdichte: In Kiel haben die Leute sehr unterschiedlich viel Platz. Es gibt Stadtteile, da kann man noch vors (eigene) Haus

WAS IST REKORDVERDÄCHTIG IM STADTTEIL?

1
2 3
STADTTEILREKORD

pinkeln, ohne Ärger zu riskieren, und solche, in denen Du fünf Nachbarn gleichzeitig in die Wohnung gucken kannst.

U30-Quote: Diese Zahl verrät Dir, wie groß der Anteil junger Menschen zwischen 20 und 30 im Stadtteil ist. So kannst Du z.B. sofort die Ecken mit vielen Studi-WGs erkennen.

Hochhausfaktor: Was nicht weiter überraschen wird: Je mehr hohe Häuser, desto billiger lässt es sich hier wohnen. Abgesehen davon sind Hochhäuser eben Geschmackssache.

Grünfläche: Kiel hat wirklich viele Parks zu bieten, aber es ist nicht überall gleich grün. In einigen Stadtteilen fällt es sehr viel leichter, ein Fleckchen Natur zum Erholen zu finden, als in anderen.

Distanz zum Holstenplatz: Der Holstenplatz liegt zentral zwischen Shoppingmeile, Altstadt, Hauptbahnhof und der Förde. Gut als Treffpunkt – und zur Orientierung, wie „nah dran" Dein Stadtteil ist.

Kneipendichte: Kann man auch mal im direkteren Umkreis der Haustür gut weggehen und ein Bierchen trinken? Oder gibt es da einfach gar nichts? Und wo reiht sich Theke an Theke?

Natürlich hat jeder Stadtteil, und sei er noch so sichtbetonlastig, auch seine besonderen Plätze mit z.B. einer tollen Aussicht, einem Fleckchen Grün, einem hübschen Badesee oder einem alternativen Kulturzentrum. Damit Dir nicht erst der Zufall zu Hilfe kommen muss, um auf diese außergewöhnlichen Orte zu stoßen, zeigen wir Dir in jedem Stadtteil mindestens einen **besonderen Platz.**

NOTIZEN

* Die gesammelten Daten für unsere Info-Boxen und Stadt-teilrekorde stammen zum Teil aus aufreibenden, eigenhändigen Recherchen zu Fuß, Fahrrad oder Auto bzw. dem Erfahrungs-schatz unserer Autorinnen und es besteht offiziell weder Anspruch auf Vollständigkeit noch Korrektheit.

Den Angaben zu Einwohnerdichte, U30-Quote, Grünfläche und Kneipendichte liegen die Daten des Amts für Kommunikation, Standortmarketing und Wirt-schaftsfragen (Abteilung Statistik) der Landeshauptstadt Kiel zugrunde. Wir bedanken uns herzlich für die Abdruckgenehmigung!

Kiel endlich

zu Hause   Park
gemütlich
wohnen   Heimat

Altstadt

Wo in anderen Städten die Altstadt ein malerischer Ort mit kleinen Gassen und denkmalgeschützten Gebäuden ist, hat Kiel davon nicht viel zu bieten. Die Zerstörungswut des Zweiten Weltkriegs hat das Erscheinungsbild der Landeshauptstadt Schleswig-Holsteins geprägt, was Du heute ganz deutlich am Straßenbild erkennen kannst. In der einen oder anderen Ecke erhaschst Du aber dann doch noch ein bisschen Altstadtcharme. Zum Beispiel in der Dänischen Straße. Hier findest Du auch einige Kieler Traditionsunternehmen und kannst Dich z.B. bei Kelly's mit britischer Gentleman-Mode oder bei Hut Willer mit handgefertigtem, extravagantem Kopfschmuck ausstaffieren.

Aber auch die Holstenstraße – Kiels zentrale Shoppingmeile – ist Teil der Altstadt. Die üblichen Ladenketten lassen in dieser Fußgängerzone jedoch nur vereinzelt Platz für kleine und besondere Geschäfte oder Kieler Urgesteine wie das Kaufhaus Meislahn und den Herrenausstatter Witte.

Etwas zu kurz kommen in der Holstenstraße leider auch Restaurants, Cafés und Co. Diese sind eher in den Nebenstraßen zu finden. Darum weht durch die Holstenstraße nach Ladenschluss auch fast so was wie ein Hauch von Geisterstadt.

KLEINSTER STADTTEIL

INFOBOX

Einwohnerdichte:	
U30-Quote:	26,6 %
Hochhausfaktor:	
Grünfläche:	
Distanz zum Holstenplatz:	0,8 km
Kneipendichte:	

Ebenfalls Teil der Kieler Altstadt ist das kleine Rotlichtviertel in Fördenähe, das den Spitznamen „Küste" trägt. Diese bescheidene „Lustmeile" ist allerdings kein Sperrgebiet. Über dem einen oder anderen Bordell kannst Du Dir sogar ganz normal und zu guten Konditionen eine gemütliche Wohnung anmieten – die Du natürlich monatlich und nicht etwa pro Stunde bezahlst. Insgesamt musst Du eine eher überdurchschnittliche Miete entrichten, wenn Du Dich in der Altstadt niederlassen möchtest. Trubel und Nachtleben sind dann aber auch nur ein paar Schritte entfernt.

Der besondere Platz

Am nördlichen Ende der Holstenstraße betrittst Du den Alten Markt, über dem die Nikolaikirche aufragt. Vor allem Restaurants und Cafés gruppieren sich um diesen Platz, wo Du Dich nach dem Shoppingmarathon oder in der Mittagspause stärken kannst. Auch das Gasthaus „Kieler Brauerei" befindet sich am Alten Markt – eine hervorragende Adresse, um sich die staubige Kehle mit einem selbstgebrauten Kieler Bier zu benetzen. Die hauseigene Brauerei darfst Du nach Voranmeldung sogar besichtigen und dabei zuschauen, wie der norddeutsche Durstlöscher hergestellt wird.

Kiel endlich endlich Kiel

endlich

zu Hause

gemütlich   Park

wohnen   Heimat

Blücherplatz

Man glaubt es kaum, aber auch in Kiel gibt es noch Gegenden, die den Zweiten Weltkrieg unbeschadet überstanden haben – eine davon ist der Stadtteil Blücherplatz.

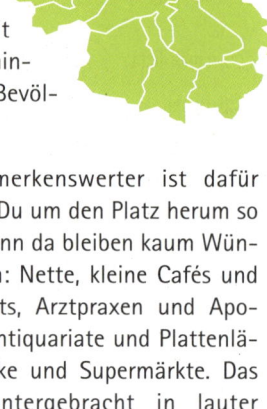

Seinen Namen hat er vom gleichnamigen, im Südosten des Stadtteils liegenden Platz, der aber vor allem eines ist: unspektakulär! Eckig und, wenn nicht gerade der zweimal wöchentlich stattfindende Markt hier aufgebaut ist, ziemlich leer. Deshalb dient er auch vor allem als Parkplatz und ist dadurch mit seiner Größe von etwa zwei Hektar zumindest für den motorisierten Teil der Kieler Bevölkerung attraktiv.

Umso bemerkenswerter ist dafür alles, was Du um den Platz herum so findest, denn da bleiben kaum Wünsche offen: Nette, kleine Cafés und Restaurants, Arztpraxen und Apotheken, Antiquariate und Plattenläden, Kioske und Supermärkte. Das Ganze untergebracht in lauter schönen Altbauten und nicht weniger schönen neueren Gebäuden. Und nicht weit entfernt findest Du den Adolfplatz, einen kleinen Park mit viel Grün und dem richtigen Ambiente zum Durchatmen und Relaxen – fast so gut wie ein eigener Garten! Einfach vom Blücherplatz aus der Wilhelmshavener Straße folgen, und schon bist Du da.

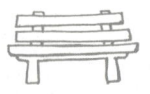

DIE MEISTEN ARZTPRAXEN

STADTTEILREKORD

Sehr praktisch ist dann noch der Teil der Holtenauer Straße, der durch den Stadtteil führt. Hier kannst Du in Ruhe shoppen, das Schauspielhaus besuchen oder im metro-Kino nostalgisches Flair genießen. Aber auch der übrige Stadtteil hat seinen speziellen Charme. Die Bebauung ist zwar wenig abwechslungsreich, dafür aber liebevoll gestaltet. Ein weiterer Pluspunkt: Es ist auch gar nicht weit zu Innenstadt und Uni!

Natürlich sind die Mietpreise dementsprechend nicht besonders niedrig. Hast Du aber das Glück, ein Zimmer in einer WG zu finden, lässt es sich auch hier, mit geteilter Miete, halbwegs erschwinglich wohnen.

Einwohnerdichte:

U30-Quote: 21,8 %

Hochhausfaktor:

Grünfläche:

Distanz zum Holstenplatz: 2,8 km

Kneipendichte:

Der besondere Platz

Das metro-Kino ist ein echtes Highlight der Kieler Lichtspielhaus-geschichte. Das Gebäude ist schon seit 1939 ein Filmtheater, wurde 1944 zerstört, wieder aufgebaut, zugemacht und wiedereröffnet und bietet heute echte (Film-)Erlebnisse. Hier findest Du drei Kinosäle, in denen ausgewählte Filme laufen, und eine Bühne vor der Leinwand im Metro1 für andere Veranstaltungen. Nicht zu verachten sind auch das Bistro und die Bar unterm Glasdach. Da brauchst Du nicht mal einen Film für einen gelungenen Abend!

Kiel endlich endlich  Kiel
endlich

Brunswik

Ziemlich zentral, nördlich der Kieler Mitte und an fünf Stadtteile angrenzend, liegt Brunswik. Früher wohnten hier mal hauptsächlich Offiziere und deren Familien und noch viel früher war Brunswik einmal ein eigenständiger Ort, bis er als allererster nach Kiel eingemeindet wurde.

Der Stadtteil ist mit gut 50 Hektar nicht sonderlich groß, mit etwa 6000 Anwohnern dafür aber relativ dicht besiedelt, was man auch deutlich an der Bebauung erkennen kann: Hier dominieren vierstöckige Etagenhäuser. Wenn Du die also irgendwo siehst, ist die Wahrscheinlichkeit groß, dass Du Dich gerade in Brunswik befindest. Aber immerhin sehen die Häuser nicht alle gleich aus. Mit viel Liebe und Kreativität sind die Fassaden gestaltet, die Du vor Ort bewundern kannst.

Heute lebt hier eine bunte Mischung aus Studenten, Rentnern, Akademikern und Nicht-Akademikern – nur Familien sieht man in Brunswik recht selten. Wie viele andere kannst Du hier relativ ruhig in einer Einzimmerwohnung wohnen oder Dir ein Zimmer in einer der WGs suchen.

Zum Bummeln gehst Du am besten in die Arkaden in der Holtenauer Straße.

Die Arkaden

Hier bekommst Du alles, was das Shopper-Herz begehrt: ob norwegische Wollsocken oder Biokost, doppelten Espresso oder Babyspielzeug, frische Fleischwurst oder Secondhandmode. Und regelmäßig findet hier auch ein Nacht-shoppen statt, falls Du das Besondere auch noch zu besonderen Zeiten erstehen möchtest.

INFOBOX

Einwohnerdichte:			
U30-Quote:	28,5 %		
Hochhausfaktor:			
Grünfläche:			
Distanz zum Holstenplatz: 1,8 km			
Kneipendichte:			

Ist Dir in den Arkaden zu viel Trubel, kannst Du Deine Einkäufe etwas entspannter auch in anderen Teilen Brunswiks erledigen oder einfach mit einer der vielen Buslinien davonfahren.

Der besondere Platz

Wenn Du vom Bummeln in den Arkaden müde bist, mal eine Runde Ruhe brauchst und keine Lust auf Gedränge im Café hast, dann hau Dich einfach auf die Wiese zwischen Backeria-Shop und Schuhladen an der Kreuzung Holtenauer Straße/Lehmberg. Klein und schmal und von Häusern umrandet, aber für die kraftgebende Limo oder das erfrischende Wasser zwischendurch ist sie ein angemessener Ort. Und einen hübschen Pavillon gibt es auch.

DIE MEISTEN ZAHNÄRZTE

1
2   3

STADTTEILREKORD

Kiel

endlich   endlich   Kiel

endlich

zu Hause   Park
gemütlich
wohnen   **Heimat**

Damperhof

Wer es zentral mag, aber doch nicht direkt in der Fußgängerzone wohnen möchte, ist im Kieler Stadtteil
Damperhof gut aufgehoben. Wenn Du zu den Leuten
gehörst, die ihre Umgebung aufmerksam beobachten
oder gar misstrauisch abscannen, fällt Dir
vielleicht auf, dass die Straßen und
Wege hier ziemlich geometrisch
angelegt sind. Schuld daran ist der in
der Mitte des 19. Jahrhunderts entstandene Lorentzen-Plan, ein Bebauungsplan der Stadt Kiel, mit dem man neue
Wohnflächen gestaltete. Speziell dafür
wurden die Damperhofer Ländereien überhaupt erst der Landeshauptstadt Schleswig-
Holsteins einverleibt. Glück für Dich! Denn so
hast Du heutzutage die Möglichkeit, für noch humane
Preise mitten in Kiel zu wohnen.

Hier zahlst Du nur etwa 1,50 Euro mehr pro Quadratmeter Miet-
wohnung als der Kieler Durchschnitt. Dafür kannst Du aber auch
aus einer Vielfalt an Immobilienangeboten wählen: vom bescheide-
nen Kämmerchen für den kleinen Geldbeutel bis zum weitläufigen
Domizil. Für Studenten gibt es außerdem noch das Wohnheim am
Jägersberg. Trotz seiner
genialen Lage und der geradezu herrschaftlichen
Außenfassade liegt es mit
140 bis 170 Euro pro Zim-
mer sogar im unteren Preis-
segment, was Kieler Stu-
dentenheime angeht.

Hiroshimapark

Vielleicht erklärbar dadurch, dass sich jeweils 15 Bewohner gemeinschaftlich Dusche, Toilette und Küche teilen müssen.

Vielfältig gestaltet sich auch das Freizeitangebot: Im Stadtteil Damperhof stößt Du auf viele größere und kleinere Geschäfte, feine Restaurants und günstige Buden. Das Theater „Die Komödianten" versorgt Dich in der Wilhelminen-

INFOBOX

Einwohnerdichte:

U30-Quote: 28,3 %

Hochhausfaktor:

Grünfläche:

Distanz zum Holstenplatz: 1,1 km

Kneipendichte:

straße mit der nötigen Kultur, und in der Bergstraße kannst Du Dir den Kopf freitanzen oder –trinken, denn hier reihen sich Clubs, Bars und alles, was Du für ein ausgewogenes Nachtleben brauchst, aneinander.

Einen kreativen Gegenpol zum rational-technischen Bebauungsplan von Damperhof bildet übrigens die Muthesius Kunsthochschule, an der ca. 500 Studenten verschiedene Studiengänge aus den Bereichen Freie Kunst und Design besuchen.

Der besondere Platz

Ein bisschen Erholung für Geist und Seele gefällig? Der Hiroshimapark liegt gleich um die Ecke. Schnapp Dir ein gutes Buch, die Uniunterlagen oder Deine(n) Liebste(n), und lass Dich am Kleinen Kiel nieder, einem Stadtsee und Rest eines Seitenarms der Förde. Der Winzling unter den Kieler Parkanlagen entstand erst zu Beginn des 20. Jahrhunderts. Trotzdem wirkt der Hiroshimapark so, als würde es ihn schon ewig geben – nicht zuletzt der mächtigen Bäume wegen.

Kiel

endlich

endlich

Kiel

endlich

PARTYSTRASSE NR. 1 (BERGSTRASSE)

zu Hause Park
gemütlich
wohnen Heimat

Düsternbrook

„Düsternbrook", das ist plattdeutsch für sumpfiges, dunkles Gebiet – einladend, oder? Aber heute ist der Stadtteil weder sumpfig noch dunkel und stattdessen richtig schick! Villen, Villen, Wald, Villen, Villen und als wäre das nicht genug: auch noch eine elegante Promenade an der Kieler Förde entlang. Kein Wunder also, dass sich hier der schleswig-holsteinische Landtag und mehrere Ministerien ein Plätzchen gesichert haben.

Für die naturnahe Freizeitgestaltung warten hier das Düsternbrooker Gehölz, ein Stadtwald mit viel altem Baumbestand, und das Seebad Düsternbrook mit angeschlossener schicker Bar auf dem Wasser. Die Promenade lädt zum gemütlichen Schlendern oder Joggen am Wasser ein, die Villen in den unterschiedlichsten Baustilen zum Staunen. Hier siehst Du kleine Bötchen, kannst große Jachten bewundern und auch die Gorch Fock stattet der Blücherbrücke, ihrem ehemaligen Liegeplatz, hin und wieder einen Besuch ab. Segelsportvereine, Ruderclubs und nette, am Wasser gelegene Cafés, die Freilichtbühne Krusenkoppel, die Nähe zur Innenstadt – hier scheint einfach alles perfekt.

Aber, das kennst Du ja: Wo es so richtig toll ist, musst Du für die Miete tief in die Tasche greifen. Da das nicht alle können, prägt der Mietspiegel natürlich auch die Bevölkerungsstruktur: Hier ist man gut situiert, Single oder

DIE EDELSTEN VILLEN

INFOBOX

Einwohnerdichte:

U30-Quote: **18,8 %**

Hochhausfaktor:

Grünfläche:

Distanz zum Holstenplatz: 2,9 km

Kneipendichte:

Paar mit Einzelkind. Für Studenten gibt es aber einen kleinen Lichtblick hinsichtlich günstigen Wohnens: Mehrere katholische und ein evangelisches Studentenwohnheim, die Deutsch-Nordische Burse und das Christian-Albrecht-Haus im Niemannsweg lassen auch kleine Wohnträume wahr werden.

Für den Kurzurlaub zwischendurch kannst Du Dich einfach in eines der vielen Cafés entlang der Promenade setzen – vielleicht kommt ja ein Kreuzfahrtschiff vorbei, von dem Dir ein paar Fernreisende winken.

Der besondere Platz

Beim Schlendern an der Kieler Förde solltest Du unbedingt bei den Seehunden vorbeischauen. Das Seehundbecken gehört zum Helmholtz-Zentrum für Ozeanforschung (Düsternbrooker Weg 20) und beherbergt süße Robben, denen Du draußen beim Spielen und Baden zugucken kannst.

Landeshaus

Das **Landeshaus** ist ein dreistöckiges Backsteingebäude, in dem früher mal die Marineakademie untergebracht war. Seit 1950 wird es als Parlament genutzt und ist, nach vielen, vielen Umbauten nun endlich fertig und sehr schick und repräsentativ. Etwas ganz Besonderes ist der gläserne Plenarsaal Richtung Wasser mit Besucherterrasse. Hier kannst Du der Regierung buchstäblich auf die Finger schauen.

zu Hause Park
gemütlich
wohnen Heimat

Ellerbek

Ellerbek liegt am Ostufer der Förde und war einmal ein altes Fischerdorf. Als Kiel jedoch Kriegshafen wurde und sich die Werftindustrie und die Marine hier breit machten, war es aus mit dem Dorf und alle mussten umziehen. Mit der Ausdehnung der Werftbetriebe entstanden später dann typische Arbeitersiedlungen.

Mittlerweile ist dieser Stadtteil zu einer ziemlich gemütlichen Gegend geworden. Viele Reihenhäuser und meist zweigeschossige Doppelhaushälften mit süßen, individuell gestalteten Vorgärten (vor allem) im Norden, ein bisschen Hochhauscharme mittendrin, zwischendurch immer mal wieder etwas Grün – und das alles zu äußerst günstigen Mietpreisen. Hier steppt zwar nicht der Bär und die Einkaufsmöglichkeiten sind rar, aber wenn Du gern auch mal auf dem Markt oder in kleinen Kiosken einkaufst, musst Du nicht verhungern. Außerdem sind es notfalls bis zur Kieler Innenstadt auch nur etwa vier Kilometer mit dem Fahrrad.

Obwohl Ellerbek an der Förde liegt, hast Du hier keinen Wasserzugang. Denn den beansprucht (immer noch) das Marinearsenal Kiel. Hier wird sich um die großen Marineschiffe und deren (Waffen-) Ausstattung gekümmert – und da hast Du als Zivilist nichts zu suchen. Aber keine Sorge, es wird auch mit riesigen Schildern darauf hingewiesen. Verlaufen ist also nicht möglich.

DIE JÜNGSTEN MÜTTER
(Ø 27,2 JAHRE)

1
2
3

STADTTEILREKORD

Häuschen   schön   Wohnung
Nachbar   //21
Gartenzaun

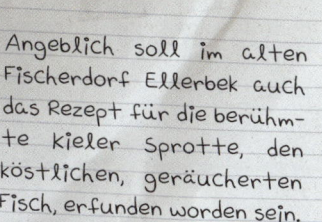

Angeblich soll im alten Fischerdorf Ellerbek auch das Rezept für die berühmte Kieler Sprotte, den köstlichen, geräucherten Fisch, erfunden worden sein.

I N F O B O X

Einwohnerdichte:			
U30-Quote:	12 %		
Hochhausfaktor:			
Grünfläche:			
Distanz zum Holstenplatz: 3,7 km			
Kneipendichte:			

Auch wenn die Fachhochschule im (fast) angrenzenden Stadtteil Neumühlen-Dietrichsdorf liegt, findest Du hier wenige Studenten und ebenso wenig Leute unter dreißig. Dafür aber viele zufriedene Ältere und glückliche Familien.

Der besondere Platz

Im Nordosten zwischen dem großen Ostring, der Franziusallee und dem Klausdorfer Weg liegt der Schwanseepark mit Spielplatz, Wiesen, Wald, Bahnstrecke, kleinen Teichen und der Ostringbrücke. Wie der restliche Stadtteil eben auch irgendwie anders – aber schön!

Noch nicht genug Grün? Ganz im Süden, in einer Senke zwischen Ellerbek und Elmschenhagen liegt ein großes Naturschutzgebiet rund um den Tröndelsee. Wenn Du auf (fast) unangetastete Natur stehst, zieh die Gummistiefel an und pack den Fotoapparat ein! Hier gibt es riesige Schilfflächen, Matsch, Gewässer, Wälder – und einen mehr oder weniger befestigten Fußweg quer durch das ganze Gebiet. Natur pur!

zu Hause   Park
gemütlich
wohnen   Heimat

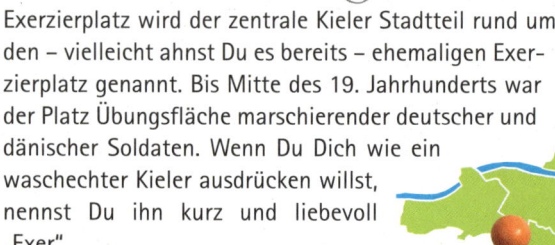

Exerzierplatz

Exerzierplatz wird der zentrale Kieler Stadtteil rund um
den – vielleicht ahnst Du es bereits – ehemaligen Exerzierplatz genannt. Bis Mitte des 19. Jahrhunderts war
der Platz Übungsfläche marschierender deutscher und
dänischer Soldaten. Wenn Du Dich wie ein
waschechter Kieler ausdrücken willst,
nennst Du ihn kurz und liebevoll
„Exer".

Selbst wenn der Exer in militärischer
Hinsicht schon lange ausgedient hat,
findet heutzutage mancher Kampf auf
ihm statt – allerdings nur um die Stellflä-
chen fürs Auto, denn der ehemalige Exerzierplatz wird die meiste Zeit als zentraler
Großparkplatz genutzt. Besonders rar sind die Park-
möglichkeiten, wenn in der direkt angrenzenden Sparkassenarena
im Kieler Stadtteil Vorstadt ein großer sportlicher oder musikali-
scher Event ansteht.

Die Miete im Stadtteil Exerzierplatz liegt leicht über dem Kieler
Durchschnitt. Um die 7,50 Euro musst Du hier pro Quadratmeter
Mietfläche berappen – nicht gerade die günstigste Art, in Kiel zu

wohnen, dafür aber eine schön
zentrale. Wenn Du keine Angst
vor aufgebrauchtem Toiletten-
papier, überquellenden Mülleimern
und nervtötender Musik aus dem
Nebenzimmer hast, ist für Dich
aber eventuell eine der Wohnge-
meinschaften rund um den Exer
eine sparsame Alternative zu den

eigenen vier Wänden. Viele Studenten und junge Leute versuchen sich hier mehr oder weniger erfolgreich am WG-Leben.

Wenn Dir Deine Mitbewohner mal auf den Wecker gehen, kannst Du Dich, quasi direkt vor der Haustür, in einem der vielen kleinen Geschäfte, Cafés und Restaurants rund um den Exer und in den abgehenden Straßen vom WG-Stress ablenken und dem trauten Heim für einige Stunden entfliehen.

I N F O B O X

Einwohnerdichte:		
U30-Quote:	30,9 %	
Hochhausfaktor:		
Grünfläche:		
Distanz zum Holstenplatz:	0,8 km	
Kneipendichte:		

Der besondere Platz

Welcher Ort könnte im Stadtteil Exerzierplatz schon besonderer sein als sein Namensgeber selbst?! Der Exer dient nicht nur als Parkplatz, er verwandelt sich zweimal wöchentlich auch in einen von Kiels beliebtesten Wochenmärkten. Für jeden Geschmack ist da kulinarisch was geboten. Mittwochs und samstags kannst Du bis zum Mittag zwischen den Ständen durchschlendern, mit den Verkäufern feilschen und Dich bis zum nächsten Wochenmarkt mit reichlich Vitaminen eindecken.

HÖCHSTE EINWOHNERDICHTE

Kiel   endlich   endlich   Kiel

endlich

Gaarden: Gaarden-Ost und Gaarden-Süd/Kronsburg

Gaarden liegt südöstlich der Förde und ist riesig, denn eigentlich besteht es aus zwei Stadtteilen: Gaarden-Ost und Gaarden-Süd/Kronsburg. Leider ist sein Ruf nicht gerade der beste.

Gaarden-Ost erkennst Du schon auf den ersten Blick an seinen großen, teilweise klotzigen Mehrfamilienhäusern, den langen, engen Straßen und den vielen, vielen Menschen, die hier unterwegs sind. Alles recht gewöhnungsbedürftig, aber doch mit einem ganz eigenen Charme. Leider gilt Gaarden-Ost wegen seines hohen Anteils an sozial Schwächeren und der recht beachtlichen Zahl an Straftaten als Problembezirk. Wenn Du Dich davon nicht abschrecken lässt, kannst Du nicht nur von den Schnäppchenpreisen auf dem Immobilienmarkt profitieren, sondern in einem spannenden, multikulturellen und sehr lebhaften Umfeld wohnen.

Gaarden-Ost verfügt sogar über ein eigenes Zentrum. Rund um den Vinetaplatz gibt es neben Supermärkten auch alles andere, was Du so brauchen könntest. Ein kleiner Markt öffnet hier ebenfalls zweimal die Woche seine Stände.

Zum Erholen und Spaß haben wartet im Nordosten der große Volkspark Gaarden auf Dich, mit riesigen Grünflächen, Wasser und einer tollen Aussicht. Kein Wunder, dass er 2007 den drit-

INFOBOX

Einwohnerdichte:	
U30-Quote:	16,8 %
Hochhausfaktor:	
Grünfläche:	
Distanz zum Holstenplatz:	2 – 3 km
Kneipendichte:	

ten Platz beim Wettbewerb „Deutschlands schönster Park" belegt hat. Also, nichts wie hin, das lohnt sich – auch bei schlechtem Wetter.

Der besondere Platz

Der Germaniahafen beginnt direkt hinter der Förde. Vom Bahnhof aus nur einmal die Hörnbrücke überqueren und schon kannst Du Dich dort entspannt auf den Stufen niederlassen. Lass den Blick über die Förde und das bunte Treiben rund um den Schmidbau schweifen. Im Schmidbau kannst Du sogar wohnen! Zwar teuer, dafür aber mit einem gigantischen Blick quer über die Förde.

In **Gaarden–Süd/Kronsburg** wohnst Du ebenso günstig wie im Nordteil – aber der Mehrfamilienhauscharme und die engen Straßenzüge bestimmen hier weniger das Bild als vielmehr nette, kleine Häuschen, breite Gehwege und schicke Reihenhäuser mit bunten Vorgärten – auch so kann Gaarden sein. Erwähnenswert ist ebenfalls die Alte Meierei. Das von der Stadt in den 80ern als Ausweichprojekt für Hausbesetzer zur Verfügung gestellte Gebäude kennen die meisten Kieler vor allem durch die vielen (nicht-kommerziellen) Konzerte und Veranstaltungen. Darüber hinaus gibt es hier aber auch ein Café, das Treffpunkt der unterschiedlichsten Gruppen ist, und eine große Wohngemeinschaft. www.altemeierei.de

NIEDRIGSTER FRAUENANTEIL (47%)

Kiel endlich endlich Kiel endlich

zu Hause Park
gemütlich
wohnen Heimat

Hassee

Der knapp 600 Hektar große Stadtteil Hassee bietet gemütliches Wohnen im Grünen und ist gleichzeitig der größte in Sachen verarbeitende Industrie.

Ursprünglich war Hassee ein Bauerndorf und an einigen Ecken sieht man das auch heute noch.. Insgesamt ist die Bebauung aber eine wilde, wenn auch gemütlich-attraktive Mischung. Viele ältere, schöne Ein- und Mehrfamilienhäuser stehen hier umgeben von Grün, alte Backsteinwohnblöcke zwischen historischen Gebäuden, eine kleine Hochhaussiedlung im Kolonnenweg zwischen schlichten Reihenhäusern – die ansässige Industrie fällt da kaum auf.

Und dann gibt es noch die Öko-Siedlung mitten im Stadtteil. Am Moorwiesengraben ist dieses 12.000 m² große Gebiet entstanden. Es stellt die erste ökologische Modellsiedlung Schleswig-Holsteins dar – idyllisch, familiär und ja, echt öko!

Am nordöstlichen Rand, an den Stadtteil Südfriedhof angrenzend, findest Du den CITTI-Park. Nein, das ist kein Park zum Relaxen, sondern ein großes Einkaufszentrum. Eine typische Shoppingmall mit über 80 Geschäften, Restaurants und Unmengen an Parkplätzen. Donnerstags haben die Geschäfte sogar bis 22.00 Uhr geöffnet.

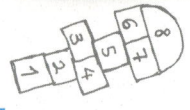

I N F O B O X

Einwohnerdichte:

U30-Quote: 17,5 %

Hochhausfaktor:

Grünfläche:

Distanz zum Holstenplatz: 3 km

Kneipendichte:

Ansonsten kannst Du aber auch direkt in Hassee Deine wichtigsten Einkäufe erledigen. Und wenn Dir das nicht reicht, bleibt neben dem CITTI-Park ja auch noch die Kieler Innenstadt, die dank der guten Busanbindungen schnell erreichbar ist.

Um den THW Kiel übrigens kommst Du in Hassee wohl nicht herum. Man muss kein Fan sein, aber im ganzen Stadtteil findest Du überall irgendetwas, das auf den Handball-Superverein hinweist. Allerdings ist gar nicht jedem Kieler bekannt, dass der Name der Zebras Turnverein Hassee-Winterbek e.V. bedeutet. Hier hat 1904 alles als Turnverein für Knaben und Männer begonnen.

Der besondere Platz

Das Tiergehege Uhlenkrog ist mit knapp drei Hektar nicht sonderlich groß, aber dafür sehr idyllisch. Hier kannst Du umherspringendes Dammwild und braune Schäfchen beobachten und die Natur genießen. Den Eingang findest Du (etwas versteckt) an der Rendsburger Landstraße, Ecke Hasseer Straße.

DIE MEISTEN KINDERGÄRTEN

2 1 3

STADTTEILREKORD

Kiel endlich endlich Kiel endlich

zu Hause Park

gemütlich

wohnen Heimat

Hasseldieksdamm

Hasseldieksdamm bietet eine bunte Mischung aus dörf-
lichem Flair, kleinstädtischer Bebauung, ganz viel
schöner Natur und einem kleinen Wohnblockgebiet im
Westen.

Ursprünglich war der Stadtteil ein
eigenständiges Dorf im Westen Kiels
und heute spürt man noch immer
noch etwas vom ländlichen Charakter.
Im Südwesten von Hasseldieksdamm
findest Du den ehemaligen Dorfkern
und lauter schöne, kleine, oft reetge-
deckte (Bauern-)Häuser. Plötzlich fühlst
Du Dich zurückversetzt in die gute, alte
Zeit – und dass Du Dich hier immer noch in der
Landeshauptstadt befindest, ist bei diesem Anblick
kaum zu glauben.

Etwas weiter östlich bist Du dann schon recht nah am Kieler Stadtteil Südfriedhof und damit auch nicht mehr weit vom Zentrum entfernt. Auch wenn hier die große Hofholzallee nicht weit ist, die quer
durch den Stadtteil führt und Dich ganz schnell von A nach B
bringt, sind in der Nähe noch überall schöne Häuschen und ziemlich ansehnliche Villen zu finden.

Fast ganz im Westen gibt es dann ein
Neubauviertel. Irgendwie passt das
nicht wirklich hierhin, ist aber dank
des zugehörigen kleinen Geschäfts-
zentrums eine Fahrt wert – hier bekommst Du (fast) alles, von Lebens-
mitteln bis hin zu neuen Schuhen.

Hofholzallee

INFOBOX

 Einwohnerdichte:

U30-Quote: 9 %

Hochhausfaktor:

Grünfläche:

Distanz zum Holstenplatz: 4,1 km

Kneipendichte:

Die bauliche und atmosphärische Vielfalt des Stadtteils schlägt sich auch in den Mietpreisen nieder: Von erschwinglich bis unglaublich teuer ist hier alles dabei. Also: Genau hingucken und Zeit mitbringen, dann findest Du bestimmt exakt das, was Du Dir vorgestellt hast.

Und wenn Du zwischen Wohnungssuche und Sightseeing ein wenig Zeit hast, kannst Du die Natur in vollen Zügen genießen: im Hasseldieksdammer Gehölz südlich der Hofholzallee oder im Tiergehege nördlich davon.

Der besondere Platz

Direkt an der Hofholzallee findest Du den Bioladen „Nachbars Garten". Hier stößt der Liebhaber ökologischer Erzeugnisse auf eine große Auswahl von Bio-Molkereiprodukten, Obst, Gemüse sowie Naturkosmetik – politisch vollkommen korrekt!

TIERFREUNDLICHSTER STADTTEIL
(TIERHEIM UHLENKROG)
STADTTEILREKORD

 Kiel

endlich   endlich    Kiel

endlich

zu Hause   Park

gemütlich

wohnen   Heimat

Mettenhof

Mettenhof, das bedeutet vor allem eines: riesige Hochhäuser und große Wohnblöcke. Die Stadt Kiel brauch-
te in den 50er Jahren Wohnraum und hier gab es
genug freie Fläche zum Bauen.

In den 60ern kaufte dann die Woh-
nungsgesellschaft „Neue Heimat"
Mettenhof und stellte nach und nach
gigantische Massenunterkünfte hin. Die
waren schnell und kostengünstig auf-
zubauen, boten Platz für viele Menschen und waren nach der damaligen
Ansicht sogar modern. Die „Stadt der
Zukunft" war geboren.

Als in den 70ern dann festgestellt wurde, dass der
Wohnraum ausreicht, wurden die noch ausstehenden Bau-
vorhaben ad acta gelegt und nicht mehr weitergebaut. Heute ver-
sucht die Stadt, Mettenhof durch kleinere Häuserblocks und Reihenhäuser etwas aufzulockern.

Aber nicht nur die Gebäude sind hier
überdurchschnittlich hoch: Mit fast
19.000 Einwohnern wohnen in Mettenhof auch die meisten Menschen,
die höchste Anzahl von Kindern und
Jugendlichen hat der Stadtteil auch
aufzuweisen. Groß sind allerdings
auch die Arbeitslosenzahlen und die
Armutsdichte. Und dementsprechend
ist der Ruf, der dem Stadtteil anhaf-
tet, nicht besonders gut.

**KINDERREICHSTER
STADTTEIL**

Häuschen   schön   Wohnung
Nachbar   //31
Gartenzaun

Aber falls Du jetzt abgeschreckt bist: So schlimm wie es klingt, ist es nicht. Zwischen all den Riesen kannst Du immer wieder ein grünes Fleckchen und Erholung finden. Und irgendwie erstrahlen da auch die großen Klötze in einem ganz anderen Licht. Außerdem wird kontinuierlich daran gearbeitet, Mettenhof noch zu verschönern. Von Bund und Land gefördert, wird der „Stadtteil mit besonderem Entwicklungsbedarf" Stück für Stück ein bisschen attraktiver.

INFOBOX

Einwohnerdichte:

U30-Quote: 12,5 %

Hochhausfaktor:

Grünfläche:

Distanz zum Holstenplatz: 5,9 km

Kneipendichte:

Ach, und nicht zu vergessen ist der äußerste Nordwesten Mettenhofs. Der hat sogar ein kleines Gebiet vorzuweisen, in dem auch Einfamilienhäuser mit hübschen Vorgärten und schöne Mehrfamilienhäuser stehen. Das höchste Gebäude Mettenhofs ist übrigens der „Weiße Riese" am Skandinaviendamm. Mit 25 Stockwerken überragt er die Gegend und ist noch von weit außerhalb deutlich zu erkennen. Du kannst den Stadtteil also gar nicht verfehlen.

Der besondere Platz

Ganz im Westen stößt Du auf den Heidenberger Teich, wo Du jeglichen Stress hinter Dir lassen kannst. Sogar der „Weiße Riese" wirkt aus dieser Perspektive beinahe harmlos. Mit genügend Natur drum herum und ohne Verkehrslärm kannst Du hier bestens entspannen.

Kiel   endlich  endlich   Kiel

endlich

zu Hause Park
gemütlich
wohnen Heimat

Neumühlen-Dietrichsdorf (mit Oppendorf)

Die meisten Kieler kennen den Stadtteil wohl eher als „da, wo die Fachhochschule ist", dabei hat er noch einiges mehr zu bieten. Es erwarten Dich zwar keine großen Villen oder exquisite Wohngegenden, dafür gibt es aber nette Reihenhäuser und Wohnungen zu durchaus bezahlbaren Preisen.

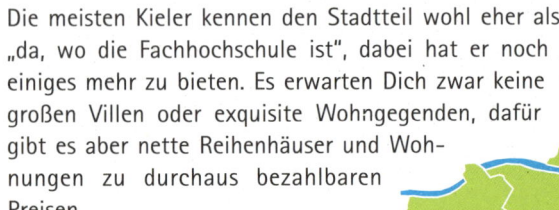

Und wenn Dir das nicht zusagt, dann gibt es immer noch Oppendorf. Das liegt zwar etwas abseits und grenzt nicht direkt an den übrigen Stadtteil an, gehört aber dennoch zu Neumühlen-Dietrichsdorf. Es ist eine kleine, etwas süd-östlich gelegene Siedlung im Grünen mit ebenfalls erschwinglichen Mietpreisen. Ursprünglich wurde sie in den 20er Jahren für Menschen mit geringem Einkommen konzipiert, die sich hier durch den eigenen Garten zum großen Teil selbst versorgen sollten. Und das merkt man auch heute noch: Hier wohnst Du recht lauschig, günstig und bekommst das dörfliche Miteinander obendrauf.

Die Fachhochschule Kiel ist die größte in ganz Schleswig-Holstein und hier studiert es sich auch ganz nett. Wo kannst Du sonst mit der Fähre zum Seminar fahren und die verdiente Mittagspause mit Blick aufs Wasser genießen? Und wo sonst kann man zwischen den Vorlesungen an einem malerischen Fluss entspannen und an einer

Meeresbucht herumhängen? Stimmt, das geht nur hier! Und apropos Meeresbucht: Einen Strand gibt es hier auch. Etwas schmal und an manchen Stellen steinig, aber dafür nicht so überlaufen.

In Neumühlen-Dietrichsdorf kannst Du nicht nur studieren und wohnen, auch das Drumherum stimmt: Kleine Kioske und große Einkaufsläden gibt es genug und auch Cafés und Restaurants musst Du nicht lange suchen.

INFOBOX

Einwohnerdichte:		
U30-Quote:	15,5 %	
Hochhausfaktor:		
Grünfläche:		
Distanz zum Holstenplatz: 6,1 km		
Kneipendichte:		

Falls Du einfach mal etwas nach Russland oder die baltischen Staaten gebracht haben willst, dann ab zum Ostuferhafen. Die beeindruckende Logistik mit den großen Schiffen macht das möglich. Denn mit einer Gesamtfläche von etwa 426.000 m² ist der Ostuferhafen riesig – und spannend, auch wenn Du nichts verschiffen willst.

Der besondere Platz

Im Sommer musst Du als Eisfan unbedingt in Pino's Eiscafé in der Lüderitzstraße vorbeischauen. Mitten in einem Wohngebiet versteckt, wird hier noch jeden Tag das Eis selbst hergestellt – und ist unglaublich lecker!

ÖSTLICHSTER STADTTEIL
STADTTEILRANKING

Kiel endlich endlich Kiel
endlich

zu Hause Park
gemütlich
wohnen Heimat

Ravensberg

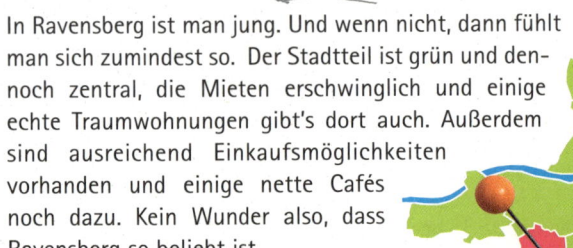

In Ravensberg ist man jung. Und wenn nicht, dann fühlt man sich zumindest so. Der Stadtteil ist grün und dennoch zentral, die Mieten erschwinglich und einige echte Traumwohnungen gibt's dort auch. Außerdem sind ausreichend Einkaufsmöglichkeiten vorhanden und einige nette Cafés noch dazu. Kein Wunder also, dass Ravensberg so beliebt ist.

Seinen Namen hat dieser Stadtteil vom höchsten Punkt im Norden Kiels, einem kleinen Hügel namens – nun ja – Ravensberg. Hier befindet sich auch der wohl schönste Wasserturm der Stadt. In rotem Backstein ragt er in den Himmel. Seit der Jahrtausendwende ist er zum imposanten Veranstaltungstempel für Theater, Kunst und Musik avanciert und als „Kulturdenkmal von besonderer Bedeutung" ins Denkmalbuch des Landes Schleswig-Holstein eingetragen.

In Ravensberg befindet sich auch der Hauptteil der Christian-Albrechts-Universität zu Kiel (CAU). Sehr viele Studenten leben hier (nicht zuletzt aufgrund der vielen Wohnheime, die es hier gibt) und

verleihen diesem Stadtteil eine junge Atmosphäre. Südlich der Uni „riecht" es ebenfalls nach Studentenleben: Im so genannten Stinkviertel stieg früher in der Tat ein übler Mief auf, denn hier stand eine große Fabrik, die aus Sch… zwar kein Gold, aber immerhin Dünger machte. Heute ist die Luft sauber, die alten Arbeiterwohnungen haben

HÖCHSTE U30-QUOTE

STADTTEILRANKING

INFOBOX

Einwohnerdichte:

U30-Quote: 37,3 %

Hochhausfaktor:

Grünfläche:

Distanz zum Holstenplatz: 3,5 km

Kneipendichte:

sich in charmante Studentenwohnungen verwandelt – das einzige, was vielleicht noch zum Müffeln neigen könnte, sind also die WGs, bei denen mal wieder keiner den Putzplan beachtet hat.

Direkt nebenan liegt das hübsche Marineviertel, das fast zur Hälfte aus denkmalgeschützten Häusern aus den 20er und 30er Jahren besteht, eine sehr grüne Kieler Gegend mit bemerkenswerten Torbögen und traumhaften Innenhöfen.

Der besondere Platz

Der Botanische Garten direkt hinter den Universitätsgebäuden in der Leibnizstraße ist ein echtes Highlight. Auf knapp 8 ha kannst Du vom Taschentuch- über den Butterbaum bis zur Bananenpalme 14.000 Pflanzenarten aus der ganzen Welt bewundern. In den sieben Gewächshäusern lässt es sich auch mal einen ganzen Tag aushalten.

NOTIZEN

Die CAU ist die einzige Volluniversität Schleswig-Holsteins und zählt zu den größten Unis in Deutschland. (Fast) alles kannst Du hier studieren, und wenn Du Glück hast, wirst Du Deinen studentischen Forscherdrang nicht ausschließlich auf dem neuen Campus-Komplex ausleben müssen, sondern darfst Dich in den kleinen, schönen Gebäuden entlang der Olshausenstraße aufhalten und Dich an deren Architektur freuen. Aber auch wenn's um die Entspannung geht, wirst Du immer ein hübsches Fleckchen im Grünen oder am Wasser finden.

Kiel

endlich

endlich   Kiel
endlich

zu Hause Park

gemütlich

wohnen Heimat

Russee

Ruhig und unaufgeregt vorstädtisch, so lebt es sich im knapp 400 ha großen Stadtteil Russee. Er liegt im Westen Kiels, nicht sonderlich nah an der Innenstadt, aber von dort immerhin in knappen 15 Minuten mit dem Bus zu erreichen. Durchaus schicke Neubauten prägen den Stadtteil und locken teilweise sogar mit Seegrundstück und exklusivem Uferzugang. Nur eben nicht zum Meer sondern zum Russee.

Der Nordosten ist wohl der am dichtesten bebaute Teil von Russee und wird auch als „Berliner Viertel" bezeichnet. Hier leben viele Familien und die Kinder spielen auf den Straßen, die sich zwischen den nicht gerade abwechslungsreich gestalteten Doppelhaushälften und Einfamilienhäusern, mit dafür umso hübscheren Vorgärten, hindurchschlängeln. Für den Sonntagsspaziergang lohnt eher ein Abstecher in den Süden des Stadtteils:

Der besondere Platz

Dort liegt auch der Vordere Russee, ein etwa 20 ha großer See mit reichlich Schilf rundherum. Passend zum Rest von Russee ist es hier auch äußerst friedlich und schön. Direkt ans Wasser ist leider sehr schlecht ranzukommen, da das Ufer im Norden einigen glücklichen

**EINZIGER STADTTEIL
~ OHNE REKORD**

1
2 3

STADTTEILREKORD

INFOBOX

Einwohnerdichte:

U30-Quote: 9,2 %

Hochhausfaktor:

Grünfläche:

Distanz zum Holstenplatz: 5,6 km

Kneipendichte:

Anwohnern als privates Gartengrundstück dient. Besser, Du nimmst den kleinen Spazierweg an der östlichen/südlichen Seite durch den Wald, wo man gerne den Hund Gassi führt oder Pilze sammelt. Weiter Richtung Westen erreichst Du dann das Tiergehege Hammer, wo Rot-, Dam- sowie Muffelwild und sogar Tarpan-Wildpferde grasen.

Das einzige, was hier das Idyll ein wenig stören könnte, ist das große Autobahndreieck Kiel-West (A210/215), das sich ganz in der Nähe befindet. Immerhin ist es praktisch, wenn Du mit dem Auto schnell westwärts oder gen Süden aufbrechen willst, und auch für den Großeinkauf im Zentrum, denn die Autobahn führt direkt nach Kiel-Mitte.

NOTIZEN

Am heute beschaulichen Russee hatte die SS in den Jahren 1944/45 das so genannte „Arbeitserziehungslager Nordmark" eingerichtet. In den ungeheizten Baracken waren über den gesamten Zeitraum etwa 5000 Menschen eingesperrt und mussten unter KZ-ähnlichen Bedingungen Zwangsarbeit leisten. Knapp 600 Menschen wurden an dieser Stelle innerhalb weniger Monate getötet. Heute erinnern mehrere Gedenksteine in der Nähe des Russees an die Opfer.

zu Hause Park
gemütlich
wohnen Heimat

Schreventeich

Hört man in Kiel den Namen Schreventeich, denkt jeder sofort an Park, Sommer, Grillen und Chillen. Das liegt wohl am grünen Schrevenpark im Osten des Stadtteils, in dem sich im Sommer Studenten, Schüler und Familien rund um den kleinen Schreventeich lümmeln.

Neben unauffälligen Wohnblocks finden sich auch tolle Altbauten, in denen sich unter anderem auch die ehemalige Ministerpräsidentin (und Let's-Dance-Teilnehmerin) Heide Simonis und der Schriftsteller und Literaturkritiker Christopher Ecker zu Hause fühlen.

Das Wohnklima hier ist angenehm und abwechslungsreich: Studenten und junge Familien wohnen neben Akademikern und wohlhabenden Geschäftsleuten, Spielplätze liegen neben Kulturdenkmälern, und die Mietpreise schwanken zwischen erschwinglich und kaum bezahlbar.

Wer von hier aus zum Shoppen ins Zentrum möchte oder schnell zur Uni muss, kann die kurze Strecke entspannt zu Fuß oder mit dem Rad antreten. Fürs Zurücklegen des guten Kilometers bis zur Altstadt lohnt es sich nicht einmal, auf den nächsten Bus zu warten.

BELIEBTESTER PARK
(SCHREVENPARK)

INFOBOX

Einwohnerdichte: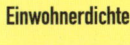

U30-Quote: 32,6 %

Hochhausfaktor:

Grünfläche:

Distanz zum Holstenplatz: 1,9 km

Kneipendichte:

Aber Deine Lebensmittelein-käufe kannst Du auch direkt vor Ort erledigen. Solltest Du den Einkauf jedoch versäumt oder einfach keine Lust haben, Dir selbst etwas zuzubereiten, dann gibt es hier an (fast) jeder Ecke ein Restaurant, einen Kiosk oder ein Café, wo Du auch zu später Stunde noch was serviert bekommst.

Das Einzige, das man hier vielleicht als störend empfinden könnte, ist wohl der Lärm der Hauptfeuerwache am Westring. Aber wenn es mal brennt oder die Katze nicht mehr in der Lage ist, selbständig wieder vom Baum runter zu klettern, kann man sich immerhin sicher sein, dass die Feuerwehr schnell (wenn auch laut) am Einsatzort ist und hilft. Und solltest Du einmal vom Baum fallen – auch das Städtische Krankenhaus befindet sich in diesem Stadtteil.

Der besondere Platz

Der Schrevenpark ist ein großer und äußerst beliebter Park. Diejenigen, die auf Freizeit-jongleure und Würstchengeruch im Sommer stehen, werden ihn lieben. Und dank des günstigen Parkcafés Castello kann hier auch jeder, der sein Grillfleisch, Bier oder Eis zu Hause gelassen hat, mitreden, -trinken und -(bio)essen. Dazu gibt's eine tierische Attraktion auf dem Wasser: Ein schwarzer Schwan wurde schon häufiger zwischen den vielen anderen gesichtet. Also Augen auf, vielleicht kommt er ja wieder! www.castello-kiel.de

zu Hause Park
gemütlich
wohnen Heimat

Suchsdorf

Beschaulich, kleinstädtisch, kinderfreundlich. So könnte man Suchsdorf knapp und dennoch recht passend beschreiben.

Der Stadtteil liegt im Nordwesten Kiels direkt am Südufer des Nord-Ostsee-Kanals und ist mit einem Wort: überschaubar. Neben Kleingartenanlagen und einer Menge freier Grünflächen findest Du hauptsächlich Einfamilien- und Reihenhäuser – fast alle im roten Backstein. Geradezu friedlich ist es hier. Sollte es in diesem Stadtteil, in dem sich hauptsächlich Familien niedergelassen haben, überhaupt mal richtig laut werden, dann probt wahrscheinlich gerade der Suchsdorfer Posaunenchor.

Dafür ist aber die Kieler Innenstadt nicht gerade in der Nähe. Bei etwa 10 km Entfernung musst Du schon auf Bus oder Bahn zurückgreifen, wenn Du mal eben zum Shoppen in die City willst. Einen kleinen Bahnhof gibt es und die Busanbindungen sind glücklicherweise so gut, dass Du ohne Umsteigen in 10 bis 15 Minuten im Zentrum bist. Aber falls Dir selbst das zu lange dauert, auch in Suchsdorf kannst Du alles Überlebenswichtige besorgen.

Die Levensauer Hochbrücke verbindet den Stadtteil mit dem auf der anderen Seite des Nord-Ostsee-Kanals gelegenen Ort Levensau. Mehrmals erneuert, vergrößert, teilweise abgerissen und ersetzt, steht nun eine zweite

WESTLICHSTER STADTTEIL

STADTTEILREKORD

Hochbrücke in 42 Metern Höhe neben der alten und beherbergt hunderte, in der Überwinterungszeit sogar etwa 5.000 Fledermäuse! Da die Brücke eine gefährliche Engstelle im Kanal darstellt, steht seit 2009 fest, dass auch diese Brücke abgerissen, erneuert, vergrößert werden soll. Geplant ist dies für 2015 – und es wurde vom Brückenplanungs-

INFOBOX

Einwohnerdichte:			
U30-Quote:	8 %		
Hochhausfaktor:			
Grünfläche:			
Distanz zum Holstenplatz: 6 km			
Kneipendichte:			

leiter versichert, dass man sich auch weiterhin um die Fledermäuse kümmern wird. Die Tiere und die jährlich stattfindende Fledermausnacht scheinen also (hoffentlich) nicht in Gefahr zu sein.

Der besondere Platz

Das Projensdorfer Gehölz liegt zwischen Suchsdorf und Wik am Nord-Ostsee-Kanal und ist das vielleicht schönste Waldstück rund um Kiel. Große Wald- und Wiesenflächen, kleine Gewässer und das Tiergehege Tannenberg mit seinen Wildschweinen, Shetlandponys, Galloway-Rindern und dem Damwild (um nur einige der Tiere zu nennen, die man dort beobachten kann) lassen den Besuch zu einem herrlichen Naturerlebnis werden. Im Projensdorfer Gehölz tummelt sich alles, was sich hier einfach wohlfühlt. Du triffst also den ein oder anderen entspannten Spaziergänger, kannst Dich an

einen kleinen See setzen oder den Wildschweinen beim Spielen zuschauen. Kein Eintritt, keine Öffnungszeiten, dafür umso mehr Auszeit.

zu Hause   Park
gemütlich
wohnen   Heimat

Südfriedhof

Im Stadtteil Südfriedhof herrscht alles andere als Grabesstille. Denn da liegt nicht nur der Kieler Hauptbahnhof, der täglich jede Menge Pendler und Urlauber ausspuckt, sondern es wird auch kräftig künstlerisch gearbeitet: Nicht umsonst wird die Ecke um die Lutherstraße auch das „Künstlerviertel" genannt.

Und die Künstler sind tatsächlich überall: im Atelier Wirklich (Lutherstr. 10), in dem Du skurril-lustige Unikate erwerben kannst, beim Bäcker nebenan, wo sich Literaten beim Kaffee unterhalten oder beim Einkaufen, wo Du auf echte Kieler Lebenskünstler triffst. Im Prinz Willy (Lutherstr. 9) hat nicht nur der Verein zur Förderung der kulturellen Vielfalt Kiel e.V. seinen Sitz, sicher nimmst auch Du hier bald Platz, um gemütlich einen Tee mit den Musikern zu trinken, die Dir im Anschluss beim Konzert ein Hörvergnügen bereiten.
www.wirklich.info www.prinzwilly.de

Der Stadtteil besticht ansonsten, wie so einige weitere in Kiel, mit langen Straßen voller Backsteinbauten in allen Facetten. Das weit verbreitete Kopfsteinpflaster ruckelt Dich beim Radfahren zwar ziemlich durch, aber einen gewissen Charme verbreitet es schon. Und wohnen lässt es sich im Viertel auch hervorragend: Um ein Schnäppchen zu ergattern, musst Du aber bei der Wohnungssuche schon etwas Geduld mitbringen, denn Südfriedhof ist eben nicht nur bei Künstlern sehr beliebt. Schließlich ist die Lage einfach ideal: Du

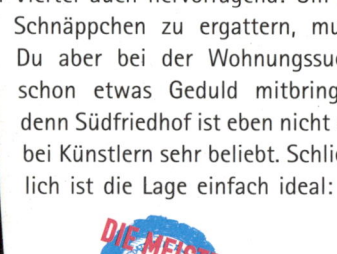

DIE MEISTEN SCHULEN

I N F O B O X

Einwohnerdichte:

U30-Quote: 31,3 %

Hochhausfaktor:

Grünfläche:

Distanz zum Holstenplatz: 1,7 km

Kneipendichte:

hast es nicht weit in die Innenstadt, kannst vom Bahnhofskai im Sommer direkt mit dem Schiff zum Badestrand Deiner Wahl aufbrechen (Falckenstein, Schilksee oder Strande) oder im Südwesten des Stadtteils bei einschlägigen Multimedia- und Möbelmärkten ganz groß einkaufen gehen. Und mit vielen grünen Flecken schmückt sich der Stadtteil auch noch.

Der Südfriedhof, dem der Stadtteil seinen Namen verdankt, ist, soweit man Friedhöfe überhaupt mögen kann, ein weiterer Höhepunkt. Die 13 ha große Anlage aus dem Jahr 1866 ist eine durchgeplante Parklandschaft, auf der sich auch Gräber und Grüfte bekannter Kieler finden und die seit Mitte der 90er Jahre unter Denkmalschutz steht.

Und dann ist da ja noch ... der besondere Platz:

Ach, gäbe es doch mehr Orte wie die Moorteichwiese! Hier ist es einfach richtig schön. Und das liegt nicht nur daran, dass es ausnahmsweise auch mal hügelig ist in der ansonsten recht flachen Kieler Landschaft. Neben großen Wiesen, die zur Entspannung genutzt werden können, finden sich kleine Waldstücke; Du kannst Dich aber auch am Wasser aufhalten oder in der dortigen Sportanlage, in der im Sommer die Kieler SEEHAWKS Baseball spielen.

zu Hause   Park
gemütlich
wohnen   Heimat

Vorstadt

Während andernorts die Vorstadt grau und übelriechend ist, oder einfach nur tote Hose bedeutet, ist das in Kiel ganz anders. Was im 16. und 17. Jahrhundert tatsächlich noch ein sich langsam ausbreitender Vorort von Kiel war, liegt nun mitten im Kern der Landeshauptstadt.

Zieht es Dich hierher, musst Du also keine Angst vor Randbezirk-Langeweile haben, sondern findest Dich mitten im Innenstadttrubel wieder. Das überdachte Shoppingzentrum Sophienhof gehört genauso zur Vorstadt wie das Veranstaltungszentrum Sparkassenarena, das mit großen sportlichen, musikalischen und kulturellen Events Leute aus dem ganzen Bundesland anlockt. Die Tickets sind aber nicht gerade günstig.

Kosten kommen leider auch auf Dich zu, wenn Du in diesem Kieler Stadtteil Einzug halten möchtest. Aber zum Glück zahlst Du in der Vorstadt für Deine neuen Lieblings-Quadratmeter für Kieler Verhältnisse noch ziemlich durchschnittliche Mietpreise, WGs gibt's aber nicht ganz so viele. Praktischerweise liegt das Rathaus auch in der Vorstadt. Du musst nach Deinem Einzug also keine weiten Wege gehen und kannst den ganzen nervigen Behördenkram schnell und relativ entspannt erledigen. Wenn Du Dir auf dem Rückweg dann zur Belohnung etwas gönnen

INFOBOX

Einwohnerdichte:

U30-Quote: 29,8 %

Hochhausfaktor:

Grünfläche:

Distanz zum Holstenplatz: max. 0,4 km

Kneipendichte:

möchtest, nimm doch einfach die Holstenstraße, Kiels Einkaufsmeile Nr. 1 Richtung Süden, und am Ende landest Du wieder im Sophienhof.

Solltest Du irgendwann doch einmal raus müssen aus Kiel, wartet ganz im Nordosten des Stadtteils am Ostseekai das große Schiff auf Dich: Mit der Stena geht es über Nacht nach Göteborg – für den Shopping-Trip oder den Sommerurlaub im traumhaften Schärengarten.

Der besondere Platz

Das denkmalgeschützte Kieler Opernhaus ist die meiste Zeit des Jahres das Mekka für Fans von Theater, klassischen Konzerten, altehrwürdiger Sangeskunst und pompösen Ballett-Inszenierungen. Anfang jedes Jahres öffnet der innen sehr verwinkelte Bau aber für alle seine Pforten, die sich mal so richtig in Schale werfen möchten – und die saftigen Preise für die Opernballkarten zahlen können. Der Opernball ist im Vergleich zum eher legeren Kieler Universitätsball geradezu staatstragend, aber er ist allemal ein eindrucksvolles Erlebnis. Und eine bessere Kulisse, um höchst kultiviert das Tanzbein zu schwingen, gibt es nicht.

DIE MEISTEN KULTUR-EINRICHTUNGEN

Kiel   endlich   endlich   Kiel
endlich

zu Hause   Park
gemütlich
wohnen   Heimat

Wellingdorf

Ja, Wellingdorf ist vielleicht nicht gerade Kiels schönster Stadtteil. Das liegt mitunter an den nüchternen
großen Hallen und Gebäuden, die den Stadtteil vom
Wasser trennen, und den vielen, recht großen Wohnblocks. Aber Wellingdorf hat durchaus viel
zu bieten. Auf der Ostseite der Kieler
Förde lässt es sich hier vor allem
durch die Nähe zum idyllischen Mün-
dungsgebiet der Schwentine und die
günstigen Mieten gut aushalten.

Die Schwentine ist ein 62 km langer
Fluss quer durch den hohen Norden, der in
Wellingdorf in die Kieler Förde fließt. Hier
findest Du wohl auch die hübschesten Ecken
des Stadtteils. So gemütlich und schön auf der einen
Seite und so richtig nordisch maritim mit dem Seefischmarkt und
dem Sporthafen auf der anderen.

Als Wohnungssuchender hast Du die Qual der Wahl: Reihenhaus,
Hochhaus, Mehrfamilienhaus, Doppelhaushälfte, mit oder ohne
Trubel, Seegeruch oder nah am Stadtteilkern. Nur richtig teuer wird
es nirgends. Und es gibt hier
sogar nicht bloß vereinzelte
Geschäfte, sondern so etwas wie
ein Stadtteilzentrum. Rund um
den Norden der Schönberger
Straße hast Du alle Einkaufsmöglichkeiten, ohne in die Kieler Innenstadt zu müssen.

EINZIGES BEMANNTES
FORSCHUNGS-U-BOOT

Und apropos Kieler Innenstadt: Gute Busverbindungen bringen Dich in etwa 20 Minuten von Wellingdorf bis zum Kieler Hauptbahnhof. Nun ja, so richtig schnell ist das nicht, zugegeben.

Kurz bevor die Schwentine auf die Kieler Förde trifft, findest Du das GEOMAR, Helmholtz-Zentrum für Ozeanforschung Kiel. Hier wird alles rund um den Meeresboden erforscht, es werden wichtige Untersuchungen zu Naturgefahren und zur Klimaentwicklung durchgeführt und Vorhersagen getroffen. Zur Instituts-Flotte gehören nicht nur vier Forschungsschiffe und diverse Unterwasserroboter, sondern auch das einzige bemannte Forschungstauchboot Deutschlands. www.geomar.de

Der besondere Platz

Direkt an der Schönberger Straße, ganz im Norden, da wo eigentlich am meisten los ist, kannst Du den schönen Ausblick auf die Schwentine genießen. Links von Dir die Schiffsanlegestelle mit romantischen Bötchen, rechts die reine Idylle – da kommt direkt Urlaubsfeeling auf. Es wird Dich also nicht überraschen, dass sich hier auch eine Menge Touris treffen. Aber die blendest Du beim Anblick einfach aus.

I N F O B O X

Einwohnerdichte:			
U30-Quote:	8,1 %		
Hochhausfaktor:			
Grünfläche:			
Distanz zum Holstenplatz:	4,8 km		
Kneipendichte:			

zu Hause   Park
gemütlich
wohnen   Heimat

Wik

Die Wik war noch bis zum Ende des Kalten Krieges Stützpunkt der Seestreitkräfte und auch heute befindet sich hier noch der Marinestützpunkt Kiel-Tirpitzhafen. Dadurch erhält der Stadtteil seine optische Prägung: alte Marinegebäude, der Marinehafen, der Flandernbunker und umgebaute Kasernen bestimmen das Bild.

Wenn Du willst, kannst Du auch in einem der alten Marinegebäude wohnen. Sie wurden zu Wohnhäusern umgebaut und werden verhältnismäßig günstig vermietet. Aber in der Wik findest Du auch neuere Mehrfamilienhäuser und vereinzelte Hochhäuser – mit ebenfalls eher niedrigen Mietpreisen. Schick und modern wohnt man dage-

gen im Anscharpark und bekommt dazu noch eine Extraportion Kultur dank Atelierhaus und Konzertsaal. Etwas teurer, aber dafür alles neu herausgeputzt.

Weil Wik direkt am Nord-Ostsee-Kanal liegt, kannst Du vom Ufer aus den großen und kleinen Pötten beim vorbeiziehen zuschauen. An einigen Stellen kannst Du den Kanal direkt erreichen und bei der Schleusenarbeit zusehen oder einfach die Gedanken gegen den Strom schwimmen lassen. Von einer kleinen Aussichtsplattform in der Maklerstraße kannst Du das abwechslungsreiche Treiben im

DIE MEISTEN MATROSEN

2   1   3

STADTTEILREKORD

INFOBOX

Einwohnerdichte: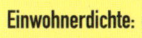

U30-Quote: 19,9 %

Hochhausfaktor:

Grünfläche:

Distanz zum Holstenplatz: 4,4 km

Kneipendichte:

Die Wik war ein Haupt-schauplatz der großen Novemberrevolution von 1918. Ausgelöst durch den Kieler Matrosenaufstand führte die Revolution zum Sturz der Monarchie und dem Ausruf der Weimarer Republik.

Kanal sogar von oben beobachten. Wenn Du mal auf die andere Seite willst, nimm einfach die Personenfähre nach Holtenau, die alle 15 Minuten übersetzt.

Der zum Stadtteil Wik gehörende Teil der Holtenauer Straße ist Wiks Lebensader. Neben Geschäften und Cafés befinden sich hier auch schöne Restaurants, nette kleine Lädchen und hübsche rote Backsteinhäuser, in denen sich auch einige Studenten-WGs niedergelassen haben.

Der besondere Platz

Am Nord-Ostsee-Kanal kannst Du auf dem Kanalwanderweg nach Brunsbüttel (oder zumindest mal bis Suchsdorf) spazieren, das geschäftige Treiben beobachten oder auch die Landschaft drum herum genießen. Äußerst eindrucksvoll und außerdem erholsam. Auf dem Rückweg bietet sich ein Abstecher ins Tiergehege Tannenberg an. Dort findest Du z.B. noch echte „Kelten-Pferde", auch wenn man es den Exmoor-Ponys nicht ansieht.

zu Hause   Park
gemütlich
wohnen   Heimat

Wohnen im Süden

Du magst es ländlich, fühlst Dich in der Natur wohl und legst keinen großen Wert auf Innenstadtnähe? Dann sind Meimersdorf, Moorsee, Wellsee, Elmschenhagen und Rönne, die fünf liebenswerten, kleinen Stadtteile im Süden Kiels, genau das Richtige für Dich.

❶ Meimersdorf ist eine kleine, aber feine Vorstadtsiedlung für Naturfreunde. Neben einer über 100 Jahre alten Eiche, ein paar kleinen Teichen und einem von 90 (!) Linden eingefassten Rasen-Festplatz im Zentrum gibt es auch kleinere Wohnsiedlungen und eine 20 ha große „Gartenstadt". Hier kannst Du in lauschiger und familiärer Atmosphäre zu Kieler Durchschnittsmietpreisen wohnen.

❷ Moorsee besteht aus einer ganzen Reihe von bäuerlichen Anwesen und insgesamt nur gut 500 Gebäuden, die alle fast ausschließlich zu Wohnzwecken genutzt werden. Eigentlich geht es in Moorsee sehr gemütlich zu, was z.B. gut am „Steindamm" zu erkennen ist, einer Straße, auf der Du immer noch über die Granitpflasterung von 1832 zuckelst. Andererseits kommen die täglichen Nachrichten für die Landeshauptstadt aus dem dörflichen Stadtteil: Das 17 Meter hohe Druckereigebäude der Kieler Nachrichten ist weithin zu sehen.

❸ Wellsee ist nach dem gleichnamigen See benannt, der zu einem beliebten Naherholungsgebiet gehört. Wellsee ist zweigeteilt: Im idyllischen Nord-Osten kannst Du ruhig wohnen

MEIMERSDORF: NIEDRIGSTES DURCHSCHNITTSALTER (34,5)

INFOBOX

Einwohnerdichte:

U30-Quote: **9,6 bis 12,6 %**

Hochhausfaktor:

Grünfläche:

Distanz zum Holstenplatz: **4,9 – 8,4 km**

Kneipendichte:

oder einen relaxten Tag am See einlegen und seltene Wasservögel beobachten, im Süd-Westen liegt dagegen direkt an der Bundesstraße 404 der HIP (Handels- und Industriepark Wellsee e.V.), der auf 160 ha Platz für über 200 Unternehmen bietet. Aber davon bekommst Du zum Glück nichts mit, wenn Du nicht willst.

4 **Elmschenhagener** teilen ihren Stadtteil in drei Teile: Elmschenhagen-Nord, Elmschenhagen-Süd und Kroog. Die schönsten Ecken des Stadtteils findest Du in der Nähe seiner Seen: dem Wellsee, dem Langsee und dem Tröndelsee. In Anbetracht seiner Größe (über 17.000 Einwohner) sind die Einkaufsmöglichkeiten eher spärlich und die vielen einfachen Backsteingebäude, die in den 40er-Jahren für (Werft-)Arbeiter errichtet wurden, sind nicht gerade ein Augenschmaus. Auch die große B76/202 stört die Idylle ein wenig.

5 Und dann gibt es da noch **Rönne**, einen Stadtteil der (etwas anderen) Superlative. Das Dörfchen liegt ganz im Südwesten Kiels und hat mit gut 400 von allen Stadtteilen die wenigsten Einwohner. Die drei wichtigsten Straßen heißen bezeichnenderweise „Zum Forst", „Am Teich" und „Zur Wilsau". Und trotzdem ist Rönne spitze: Hier erhebt sich majestätisch der Wohlersberg, die höchste Erhebung Kiels mit über 74 Metern über dem Meeresspiegel. Von seinem „Gipfel" aus gesehen wirkt Rönne noch ’ne Runde friedlicher. Hier ist die Welt noch in Ordnung.

Kiel

endlich       Kiel

endlich

zu Hause   Park
gemütlich
wohnen   **Heimat**

Auf der anderen Kanalseite: Hoch im Norden

Der Nord-Ostsee-Kanal ist was ganz Besonderes! Es handelt sich bei ihm um die meistbefahrene künstliche Wasserstraße der Welt – fast 100 km lang – und, wer hätte es gedacht, er verbindet die Nordsee mit der Ostsee. Der Nord-Ostsee-Kanal mündet in die Kieler Förde und trennt dabei die Stadtteile Holtenau, Friedrichsort, Pries und Schilksee vom Rest der Stadt. Diese sind ohnehin ganz schön weit ab vom Schuss und dank der Wasserstraße ist die Innenstadt sogar noch schlechter zu erreichen. Wenn Dir eine zentrale Lage aber nicht so wichtig ist, kannst Du hier, umgeben von Wiesen, Feldern und Schrebergärten, behaglich wohnen. Und es ist ja auch nicht so, dass der Kanal eine unüberbrückbare Barriere darstellt. Falls es Dich doch mal in die Innenstadt zieht, kannst Du ihn über die Olympiabrücke bzw. die Prinz-Heinrich-Brücke überqueren. Oder Du nimmst die Personenfähre in Holtenau, die wie ein großer Schuhkarton aussieht und Dich im 15-Minuten-Takt ans andere Ufer bringt.

1 **Holtenau** grenzt direkt an den Kanal, aber auch an die Kieler Förde. Wasser gibt es hier also wahrlich genug. Immer einen Spaziergang wert sind die bekannten Holtenauer Schleusen, die die großen und kleinen Kähne auf ihrem Weg vom Nord-Ostsee-Kanal in die Ostsee passieren müssen. Und wenn Du Kiel einmal von oben betrachten willst, der kleine Flughafen mit eigener Mitflugbörse und vielen (Flugsport-)Angeboten

Falckensteiner Strand in Friedrichsort

ist gleich vor Ort. Wenn Du in Holtenau wohnst, hast Du aber immer einen guten Blick, denn fast das gesamte Wohngebiet liegt am Hang.

2 Dass **Pries** ein eigener Stadtteil ist, weiß kaum ein Kieler, denn er ist eigentlich nur in Verbindung mit **Friedrichsort** bekannt. Die beiden Stadtteile sind miteinander verschmolzen

INFOBOX

Einwohnerdichte:	
U30-Quote:	6,7 bis 12,4 %
Hochhausfaktor:	
Grünfläche:	
Distanz zum Holstenplatz:	6,6 – 12,9 km
Kneipendichte:	

und werden immer in einem Atemzug genannt. Das einzige Zeichen für die offizielle Trennung ist ein Grenzstein in der Fußgängerzone. Wohnen kannst Du hier ganz nach Gusto: In kleinen Häuschen, Wohnblöcken, Reihenhäusern, Neubauten, Backsteinhäusern ... und die Mietpreise sind phänomenal günstig. Das gesparte Geld kannst Du dann gleich in einem der vielen Geschäfte in der Einkaufsstraße in Klamotten oder Musik nach Deinem Geschmack verwandeln.

Neben ein wenig Industrie findest Du außerdem den Falckensteiner Strand – den längsten in ganz Kiel! Im Sommer sind neben den Touris auch viele echte Kieler hier, um zu plantschen und das umwerfende Panorama zu genießen: weiter Sandstrand, Kreuzfahrtschiffe, Segelboote, Fähren, Deiche, ein kleiner Leuchtturm und Sicht bis nach Laboe. Für Strandmuffel: Steilküste gibt's auch.

3 **Schilksee** ist der nördlichste Stadtteil Kiels und vor allem als Segel-Mekka bekannt. 1972 fand hier die Segelolympiade statt und noch heute ist das damals erbaute Olympiazentrum ein beliebtes Ausflugsziel. Neben einem prächtigen Jachthafen, Einkaufsmöglichkeiten, vielen Restaurants und Cafés finden sich hier auch Bungalows und Einfamilienhäuser sowie ein schöner Strand, von dem aus Du den regen Schiffsverkehr entspannt verfolgen kannst.

Kiel

endlich   endlich   Kiel

endlich

SCHILKSEE: NIEDRIGSTE U30-QUOTE
STADTTEILE UNBEKANNT

R

Straß

Fahrrad Stau
Straßenbahn Hupe
Schiene

In Kiel ist eigentlich nichts wirklich weit weg, weder Einkaufsmöglichkeiten, Frisöre oder Banken noch nette Cafés. In jedem Stadtteil
kannst Du wirklich alles Wichtige zu Fuß erreichen. Und bei herrlich schönem Wetter (und das sollte man in Kiel wirklich nutzen) ist
es ein besonderer Genuss, an der Förde entlang zu spazieren oder
durch die Kieler Parks zu streifen. Hier findest Du auch in regelmäßigen Abständen Bänke zum Pause machen, von denen aus Du das
bunte Treiben der Schiffe beobachten kannst. Die vielen überra-
schend bergigen Straßen sind dagegen jedes Mal eine neue Heraus-
forderung, bei der man die eigene Kondition unter Beweis stellen
kann.

Manchmal jedoch tragen einen
die eigenen Füße einfach nicht
weit genug, und man muss auf
andere Verkehrsmittel umsteigen. Auch das ist in Kiel aber
kein Problem. Mit dem Fahrrad
kommst Du überall schnell hin,
und sonst gibt es ja auch noch
Bus, Zug, Schiff oder das eigene
Auto.

Absatz abgebrochen? Schnür-
senkel gerissen? Hier findest
Du schnelle Hilfe:

Mister Minit (Sophienblatt 2)

Karsten Looft (Lutherstr. 12)

Erich Körner (Elmschenhagener
Allee 6)

Schuhwerkstatt Kiel (Eckernförder Str. 29)

Mit dem Fahrrad

Ist der Weg zur Arbeit, zur Uni, zu Freunden oder zum Sport ein
bisschen weiter, kannst Du Dich ganz gemütlich auf Dein Fahrrad
schwingen. Denn mit dem Rad kann man in Kiel wirklich alles gut
erreichen. Viele Nebenstraßen sind inzwischen sogar Fahrradstra-
ßen. Das bedeutet, dass Du hier mit Deinem Rad das Sagen hast.
Alle anderen Fahrzeuge dürfen maximal 30 km/h fahren und auch
nur, wenn sie durch Zusätze auf den Schildern ausdrücklich erlaubt
sind. Und man kann sogar gemütlich nebeneinander fahren und

schnacken, ohne auf den nachfolgenden Autoverkehr Rücksicht nehmen zu müssen.

Bist Du dann an Deinem Ziel angekommen, findest Du eigentlich überall Fahrradständer, um Deinen Drahtesel in Ketten zu legen. Und wenn Du ganz auf Nummer sicher gehen möchtest, kannst Du Dein Fahrrad im **„Umsteiger"**, einem großen Fahrrad-Parkhaus geschützt und trocken unterstellen. Das geht auch die ganze Nacht über! Eine Reparaturwerkstatt und ein Fahrradverleih befinden sich ebenfalls dort. Der Umsteiger ist praktischerweise direkt am Bahnhof. Von hier aus kannst Du in alle Busse steigen oder den nächsten Zug nehmen. Mehr Infos unter: www.umsteiger-kiel.de

Der Umsteiger bietet zusammen mit dem Allgemeinen Deutschen Fahrradclub (ADFC) für alle Neu-Kieler eine Radtour an, die Dich durch die ganze Stadt führt. Dabei lernst Du ganz relaxed Kiel und sein Radwegenetz kennen – auch wenn Du kein durchtrainierter Profi-Radler bist, denn es wird in gemütlichem Tempo gefahren.

Kiel endlich endlich Kiel endlich

Wenn Du ein fleißiger Fahrradfahrer bist, wirst auch Du in Kiel mal das Problem haben, dass der Reifen platt ist, die Speichen verbogen sind oder das Licht kaputt geht. Aber das ist kein Problem. Begib Dich einfach in die Hände einer der folgenden kompetenten Fahrrad-Experten:

Velo Center (Knooper Weg 165)

Pi-Quadrat (Westring 248)

Zweirad Lenk (Werftstr. 3)

Fahrradies (Adalbertstr. 11)

Praktisch: Hier kannst Du Dir am Schlauchomat auch nachts um 3.00 Uhr noch einen Ersatzschlauch besorgen!

Auf der Schiene

Das Besondere am Kieler Bahnhof? Er liegt mitten in der Stadt und die Schienen enden dort. Der Kieler Bahnhof ist ein so genannter Sackbahnhof. Trotzdem kommst Du vom Kieler Bahnhof in fast alle Richtungen: Einige Randbezirke und Kleinstädte in der Region lassen sich schnell und einfach mit dem Zug erreichen. So kommst Du in ca. 7 Minuten zum Einkaufszentrum Citti Park (der Zug hält direkt hinter dem Gebäude), nach Raisdorf oder nach Suchsdorf, um zu shoppen, Freunde zu besuchen oder einfach mal neue Gegenden zu erkunden. Auch nach Flensburg, Eckernförde, Neumünster und an die Nordsee fahren täglich mehrere Züge, die es Dir ermöglichen, Dich in Schleswig-Holstein umzusehen oder von außerhalb nach Kiel zu pendeln.

Mit dem Bus

Mit dem Bus erreichst Du in Kiel jede Ecke. Bis auf die störrische Nummer 6 treffen sich alle Linien am Bahnhof, so dass Du dort einen perfekten Knotenpunkt zum Ein- und Umsteigen vorfindest. Werktags fahren die Busse so

Einbahnstraße

TAXI

regelmäßig, dass es nicht zum Ärgernis werden muss, wenn Du einen verpasst hast – der nächste kommt schon sehr bald! Zur Uni fahren inzwischen sogar vier Linien, darunter ein Express-Bus, der nur an ausgewählten Haltestellen hält und Dich so schnellstens zum Ziel bringt. Fahrpläne und Preise unter: www.kvg-kiel.de

Auch an die Strände in den Randbezirken von Kiel bringt Dich ein Express-Bus, schließlich will man im Sommer aufs Urlaubsfeeling nicht lange warten. Dieser **StrandExpress** (Linie 512) fährt von Strande (Westufer) nach Laboe (Ostufer) und wieder zurück, immer im Stundentakt. Innerhalb einer Stunde hast Du dann die komplette Förde umrundet und kannst Dich morgens am Westufer und abends am Ostufer in der Sonne aalen. Der StrandExpress fährt von Ende Mai bis Ende Oktober. Möchtest Du lieber an den Falckensteiner Strand, dann steig in die Linie 33 oder 501 Richtung Olympiazentrum. An der Haltestelle „Kreuzung Pries" musst Du dann den Ortslinienbus 3 nehmen. Der fährt Dich dann direkt zum Meer – herrlich!

Zu später Stunde und nach durchzechter Nacht schaukeln Dich die Nachbusse sicher nach Hause. Ist Dir der Weg von der Haltestelle bis zur Haustür zu weit, bestellen die Busfahrer Dir sogar ein Anschluss-Taxi. Am besten gleich beim Einsteigen Bescheid geben!

Brauchst Du mal richtig Urlaub, bringt Dich der Kielius, ein Shuttlebus, der bis zu 19 mal täglich alle Reisewütigen von Kiel über Neumünster mitnimmt, direkt vom ZOB zum Flughafen in Hamburg. Das ist bequem und günstig, Du kannst die Reisezeit bei klimatisierten 22 Grad zum

Für Studierende gibt es das Semester-Ticket, den treuen Freund und Begleiter, für nur 45,50 Euro. Es gilt auch in vielen der angrenzenden Gemeinden. Genauere Infos findest Du hier: www.asta.uni-kiel.de -> Semesterticket

Kiel   endlich   endlich   Kiel   endlich

Lesen nutzen und sparst Dir den Stress und die Parkgebühren, die die Autofahrt mit sich bringt. Besser kann der Urlaub doch gar nicht beginnen. Mehr Infos gibt's unter: www.kielius.de

Schiff ahoi!

Wenn Du es nicht so eilig zum Strand hast oder Dich auf der Fahrt schon richtig einstimmen willst, dann nimm doch Kiels schönstes Transportmittel: Die Fähre.

Der Schienenverkehr endet nicht nur mitten in Kiel, sondern auch direkt am Hafen. Sehr praktisch, denn genau von hier geht es dann mit dem Schiff weiter und Du kannst die Fähren nach Friedrichsort, Falckenstein und Laboe nehmen. Um nach Strande zu kommen, musst Du einen kleinen Umweg über Laboe in Kauf nehmen, aber hey, was gibt es Schöneres, als gemütlich über das Wasser zu schaukeln, Sonne auf dem Gesicht, Wind um die Nase und einfach mal die Seele baumeln zu lassen. Fahrpläne und mehr Infos unter: www.sfk-kiel.de

Hast Du es mal eilig, mit dem Rad vom Ost- zum Westufer oder zurück zu kommen, dann kannst Du ebenfalls eines dieser Schiffe nehmen, denn Dein Fahrrad darf gegen einen kleinen Obolus mit. Das spart eine Menge Zeit und ermöglicht bei Regenwetter ein trockenes Überqueren der Förde.

Ein besonderes Highlight, das aber leider nur einmal im Jahr zum Einsatz kommt, ist der **Fördeblitz** zur Kieler Woche. Er pendelt zwischen den Anlegestellen „Bahnhofsbrücke" und „Reventloubrücke" und bringt die Besucher der KiWo schnell von einer Konzertbühne zur nächsten. Der Fördeblitz ist eine Initiative des örtlichen Telefonanbieters KielNet. Für deren Kunden ist die kurze Fahrt daher kostenlos.

Du willst lieber auf große Fahrt? Auch das ist in Kiel kein Problem. Jeden Abend stechen Fähren nach Göteborg und Oslo in See und den Minitrip in eine der Metropolen gibt es schon für unter 100 Euro. Aber auch die „AIDA" und andere Kreuzfahrtschiffe landen und starten in Kiel. Willst Du da mit an Bord, musst Du leider etwas mehr berappen. Ansonsten bleibt nur die Fahrt als blinder Passagier.

Mit dem Auto

Eigentlich brauchst Du in Kiel kein Auto. Alles ist zu Fuß, mit dem Rad oder mit dem Bus wunderbar zu erreichen. Ja, in einigen Stadtvierteln ist es sogar von Vorteil, KEIN Auto zu besitzen, da Dich die Parkplatzsuche dort wahnsinnig machen würde. Aber natürlich ist so ein Auto manchmal auch einfach praktisch und bequem, sei es für den Wocheneinkauf, einen Ausflug oder die Ferien. Wenn es also mal gar nicht ohne geht, Du aber keinen fahrbaren Untersatz hast, wende Dich einfach an eine der vielen Autovermietungen. Die Preise unterscheiden sich oft deutlich, also mach am besten den Rundumvergleich: Außer bei Europcar, Hertz, Avis und Sixt kannst Du es z.B. auch noch bei Buchbinder versuchen.

Brauchst Du das Auto immer mal wieder, für den Trip zu IKEA oder den Wochenendausflug, lohnt sich für Dich vielleicht CarSharing. In Kiel wendest Du Dich dazu am besten an die Genossenschaft **StattAuto**. Über das gesamte Stadtgebiet verteilt gibt es 10 verschiedene Stationen, an denen Du Dir Dein Auto abholen kannst. Passend zum Anlass gibt's das auch in jeder Größe, vom Stadtflitzer bis zum Kleinbus. Mehr Infos unter: www.stattauto-hl.de

Kiel   endlich   endlich   Kiel   endlich

lecker
lecker

lecker

mampf

Ess

Fast F

Restaurant

Restaura

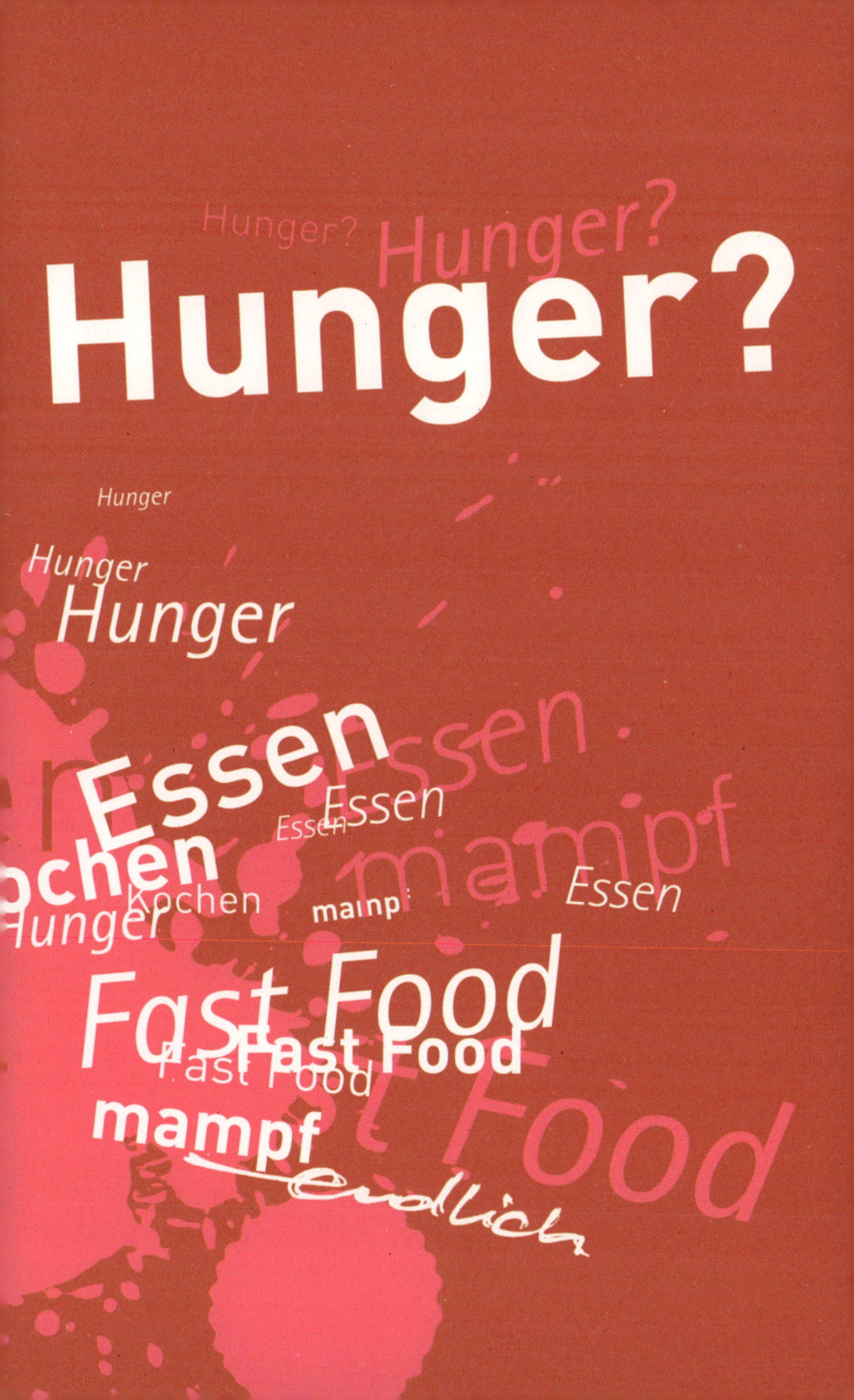
Hunger?
Hunger?
Hunger?
Hunger
Hunger
Hunger
Essen
Essen
Essen
Essen
mampf
Essen
Kochen
Kochen
Hunger
mampf
Fast Food
Fast Food
Fast Food
Fast Food
mampf
endlich

Der Magen gibt zunächst leise, dann immer lautere, längere und drängendere Geräusche von sich und wenn Du gar versuchst, ihn eine ganze Weile zu ignorieren, straft er Dich mit Übelkeit und schlechter Laune. Hunger! Da das ständige Essen gehen aber ordentlich den Geldbeutel strapaziert und Du vielleicht manchmal das Sofa nicht mehr verlassen willst – zu faul, zu müde, wichtiger TV-Termin, schon die Gammelklamotten an – isst Du vermutlich ab und zu auch mal zu Hause. Aber hier lauert ebenfalls die Qual der Wahl: Selber kochen oder einfach den nächsten Pizza-Bringdienst anrufen?

Selber kochen

Neben der normalen Auswahl an Supermärkten und Discountern in Kiel gibt es im Mühlendamm 1 das **CITTI Markt-Warenhaus** im Einkaufscenter CITTI-PARK. Hier können sich Großküchen, Restaurants und Privatpersonen gleichermaßen mit allem eindecken, was sie brauchen – und das in großen Mengen. Wenn Dir also danach sein sollte, kannst Du problemlos mit einem 20-Kilo-Sack Reis durch die Kasse spazieren und niemand wird sich wundern. Neben etlichen Großfamilien-Packungen hast Du hier aber auch eine riesige Auswahl an Spezialitäten, exotischen Früchten, frischem Fisch und vielem mehr. Stöbern lohnt sich, die Wege sind aber schon etwas weiter als beim Supermarkt um die Ecke.
www.citti-park.de

kochkurse

Bei Spiegelei und Miracoli stoßen Deine Kochkünste bereits an ihre Grenzen? Macht nichts, schließlich ist noch kein Meister vom Himmel gefallen und Hilfe gibt es immer.

In Kochbüchern, bei fachkundigeren Freunden oder mach ganz klassisch einen Kochkurs:

Kochschule Marbacher: www.marbacher-kiel.de -->kochschule

Förde-VHS: www.vhs-kiel.de

Kiel endlich endlich Kiel endlich

Bisschen Bio?

Auch in der Landeshauptstadt Schleswig-Holsteins hat man ein Herz für Natur pur auf dem Teller. Hier findest Du, was Du suchst:

Eine der Filialen der **Brotgarten Vollkornbäckerei** liegt sehr wahrscheinlich auch auf Deinem Weg zur Arbeit oder zur Uni - z.B. im Knooper Weg 183, am Exerzierplatz 7 oder in der Holtenauer Straße 50. Hier gibt es Brot, Brötchen, Snacks und Kuchen aus Bio-Vollkornmehl. www.brotgarten-kiel.de

1000 Körner Markt (Holtenauer Str. 37): Hier bekommst Du Obst und Gemüse – das meiste regional – Käse, Fleisch und Wurst von der Hofschlachterei, Tiefkühlkost und sogar Futter für Dein Haustier. Und das alles gibt's in heimeliger Bioladen-Atmosphäre. www.1000koernermarkt.de

Der **Bioladen am Belvedere** (Seeblick 1) bietet Dir Naturkost, Backwaren, frisches Obst und Gemüse und alles andere für einen ökologisch korrekten Lebenswandel. Das Angebot ist so groß, dass der Laden sogar mit dem Bronze-Preis für Sortimentsvielfalt bei der Wahl zu Deutschlands besten Bioläden ausgezeichnet wurde.
www.bioladen-am-belvedere.de

Auch die norddeutsche Bioladen-Kette **Erdkorn** hat in Kiel eine Filiale (Hopfenstr. 63/Querpassage). Hier bekommst Du ebenfalls alles für den täglichen Bedarf, viel regionales Gemüse und Getreide und mit Deinem Einkauf unterstützt Du indirekt sogar noch unterschiedliche Bio-Projekte, die Erdkorn fördert. www.erdkorn.de

Bio-Bringdienst!

Am wenigsten bewegen musst Du Dich bei einem Einkauf auf dem **Hof Kubitzberg** in Kiel-Altenholz. Der Hof ist gleichzeitig eine Werkstatt für Menschen mit seelischer Behinderung. Die Bioprodukte, die teilweise auch aus eigenem Anbau sind, bringt Dir der Lieferservice ganz bequem nach Hause. Dafür musst Du aber für mindestens 10 Euro einkaufen. Und ab 25 Euro Einkaufswert entfällt sogar die Liefergebühr. Mehr Infos zu dem praktischen Fahrdienst für Karotten, Käse und Konsorten bekommst Du unter der Tel.: 0431 / 329 46 - 0, oder auf: www.hof-kubitzberg.de

Direkt vor Ort einkaufen geht natürlich auch!

Wo bitte geht's zum Markt?

Frischer Fisch, junges Gemüse, Antipasti und andere Leckereien stehen auf Deiner Einkaufsliste, Du hast Dir bereits den Weidenkorb unter den Arm geklemmt und willst sofort zum nächsten Markt eilen? Neben dem großen Wochenmarkt auf dem Exerzierplatz findest Du bis auf sonntags eigentlich täglich irgendwo in Kiel vereinzelte Zwei-bis-Zehn-Buden-Ansammlungen, bei denen Du Deine frischen Zutaten besorgen kannst. Mit einer Übersicht über alle Märkte versorgen Dich die Seiten 68 und 69.

Einkaufstipps für das Außergewöhnliche

Bei Tante Emma

Ein ganz besonderer Einkaufstipp ist **emmaplus** (Knooper Weg 39). Hier wird das klassische Konzept des Tante-Emma-Ladens neu interpretiert und überzeugend umgesetzt. Neben vielen regionalen Spezialitäten gibt es Delikatessen aus aller Welt. Vor Ort kannst Du im gemütlichen Ambiente einen Kaffee, dazu Gebackenes und Belegtes oder wechselnde einfache Gerichte genießen. Das solltest Du auf jeden Fall mal ausprobieren! www.marxenwein.com --> emmaplus

Einmal im Monat gibt's 'ne Gratis-Weinprobe!

Kiel endlich endlich Kiel endlich

Wochenu

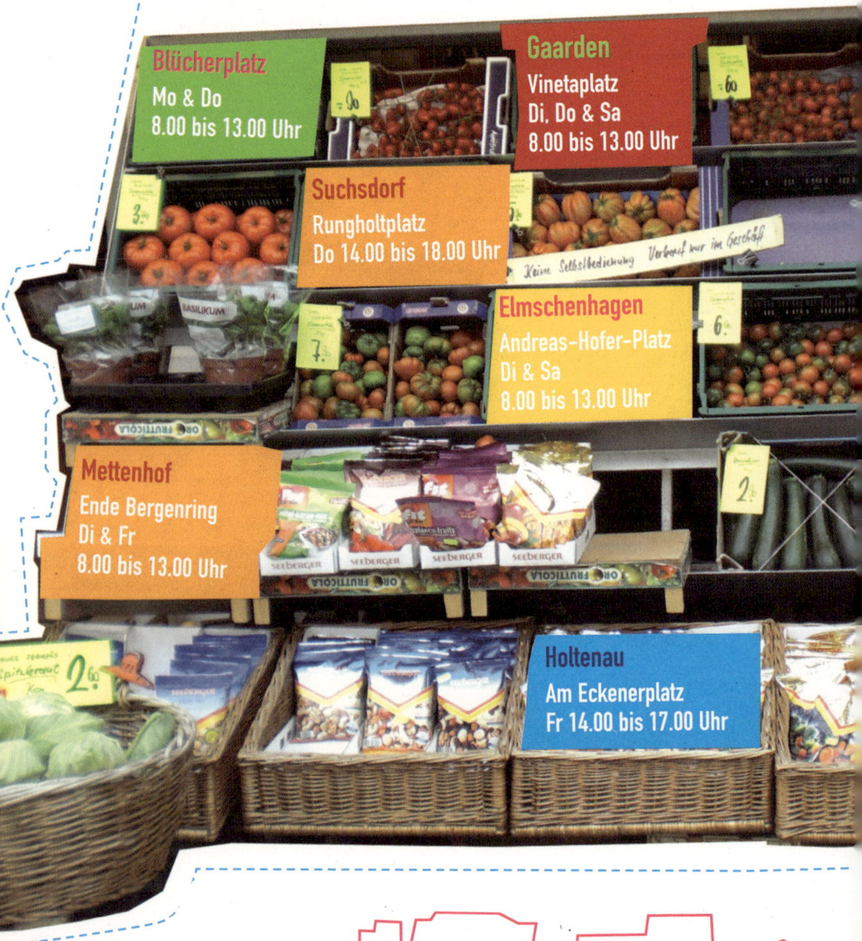

Blücherplatz
Mo & Do
8.00 bis 13.00 Uhr

Gaarden
Vinetaplatz
Di, Do & Sa
8.00 bis 13.00 Uhr

Suchsdorf
Rungholtplatz
Do 14.00 bis 18.00 Uhr

Keine Selbstbedienung Verkauf nur im Geschäft

Elmschenhagen
Andreas-Hofer-Platz
Di & Sa
8.00 bis 13.00 Uhr

Mettenhof
Ende Bergenring
Di & Fr
8.00 bis 13.00 Uhr

Holtenau
Am Eckenerplatz
Fr 14.00 bis 17.00 Uhr

rkte *endlich*

Schilksee
Langenfelde
Fr 14.00 bis 18.00 Uhr

Friedrichsort
Heinrich-Rixen-Platz
Mi & Sa
8.00 bis 13.00 Uhr

Öko-Markt
Asmus-Bremer-Platz
Fr 12.00 bis 18.00 Uhr

Dietrichsdorf
Helmut-Hänsler-Platz
Mi & Sa
8.00 bis 13.00 Uhr

Wik
Holtenauer Straße /
Elendsredder
Di, Do & Fr
8.00 bis 13.00 Uhr

Exerzierplatz
Mi & Sa 8.00 bis 13.00 Uhr
Der größte Markt mit rund
100 Ständen!

Kiel   endlich   endlich   Kiel
endlich

Bringdienst lecker
Fast Food
Essen

Asiatisch

Du brauchst noch ein paar besondere fernöstliche Zutaten für Deinen Wok? Duftreis, Ingwer, Fischsauce und mehr bekommst Du in einem von Kiels Asialäden:

Asia-Laden Kiel (Fleethörn 23): Hier gibt es zusätzlich allerhand Zutaten aus der indischen, afrikanischen und südamerikanischen Küche, außerdem Mengen an Zubehör für die asiatische Küche wie Stäbchen, Messer, Reiskocher und andere nützliche Dinge. www.asia-laden-kiel.de

Fehlt Dir noch eine Geschenkidee? Im **Asia Markt Mabuhay** (Knooper Weg 42) und im **My Asia** (Bergstr. 24) kannst Du neben asiatischen Köstlichkeiten auch trashig-kitschige Geschenke von der Buddha-Figur bis zur Winke-Katze einkaufen. www.myasia-kiel.de

Arabisch & Türkisch

Der **Sultan Markt** (Eckernförder Str. 85) und das **Aziz**, ein südländisches Feinkost-Spezialitäten-Center (Elisabethstr. 61), warten mit türkischen, arabischen und anderen südländischen Spezialitäten auf Dich. Frisches Obst, Gemüse und Fleisch, leckere Gewürze, Teigwaren, Milchprodukte und vieles mehr stehen hier zu Deiner Auswahl bereit.

Italienisch

Italienische Feinkost und den passenden Vino dazu erhältst Du im **Mercato Italiano** (Alte Lübecker Chausee 26).
www.mercatoitaliano.de

Käse & Co.

Käse soll ja laut Sprichwort den Magen schließen. Die Hauptsache ist aber doch eigentlich, dass er schmeckt. Ein umfangreiches Sortiment und somit sicherlich auch das passende Stück Käse für Deinen Geschmack hat **De Goey Kaas** (Sophienblatt 20).

Und wenn Du schon einmal vor Ort im Sophienhof bist, kannst Du auch gleich Weintrauben und anderes frisches Obst für Deine Käseplatte von **De Grönhöker** (Sophienblatt 20) mitnehmen. Natürlich geht das auch ganz ohne vorherigen Käsekauf. Denn hier schafft Dir eine tolle Auswahl an leckeren Früchten und anderem Grünzeug die perfekte Basis, um in der Küche kreativ zu werden.

Fischers Fritz fischt frische Fische ...

Noch ein Vorteil, in Kiel zu wohnen: Das Meer ist direkt vor der Haustür. Also wo, wenn nicht hier, bekommst Du richtig frischen Fisch?

Z.B. im **Hafenkiosk Goldfisch** (Soling 1) in Kiel Schilksee, der nicht ohne Grund oft für seine gigantisch-leckeren Fischbrötchen gerühmt wird. Absolute Suchtgefahr! Aber auch ohne Brötchen drum herum kannst Du hier frischen Fisch zum Weiterverarbeiten mit nach Hause nehmen. Von Frühling bis Herbst geht das täglich „von 11 Uhr bis dunkel oder satt", im Winter donnerstags bis sonntags, 11.00 bis 16.00 Uhr.

Außerdem hat die Fischabteilung vom **CITTI Markt-Warenhaus** (Mühlendamm 1) eine große Auswahl an sehr frischen Meeresfrüchten und Fischspezialitäten in der Kühltheke.

Natürlich kannst Du auch auf das Frischfischangebot der **Kieler Marktstände** zurückgreifen. Unter anderem bietet hier Matjes Lange auf den Wochenmärkten leckeren Fisch zum Mitnehmen an.

Kiel endlich endlich Kiel endlich

Bringdienst lecker
Fast Food
Essen

Und was gibt's zum Nachtisch?

Das **2Fach** (Saarbrückenstr. 14, Hinterhof) heißt 2fach, weil es neben köstlichen Pralinenkunstwerken auch noch wunderschöne Floristik anbietet. Gönn Dir einfach eine Schokopause wo's grünt und blüht ... www.2fach.eu

Du magst lieber größere Happen? Bei den Torten, Törtchen und anderen Leckereien der **Konditorei Fiedler** (Holsteinstr. 92-94) läuft Dir schon beim Anblick das Wasser im Mund zusammen. www.cafe-fiedler.de

Keine Zeit? Keine Lust? Lieferdienste!

Der ganze Hype ums Kochen kann Dich mal? Du findest das Schnippeln und Brutzeln trotz starker Fernsehpräsenz noch immer öde? Oder es fehlt Dir ganz einfach an Zeit und/oder Talent? – Wozu gibt es Lieferdienste?

Asiatisch

Asiatisch wird es auch bei Dir zu Hause mit dem **Asia-Imbiss**. Der besondere Clou ist hier, dass alle Speisen auf Wunsch ganz ohne Geschmacksverstärker zubereitet werden – für all diejenigen, die es natürlich mögen! Tel.: 0431 / 54 44 99 66, www.asiaimbiss-kiel.de

Und dann gibt es da noch den **Shanghai Lieferservice**. Hier bekommst Du Chinesisch und Thailändisch vom Feinsten und hast wahnsinnig viel Auswahl. www.shanghai-kiel.de

Wen es nach Sushi verlangt, der ruft beim **SOHO Sushi & Thai Lieferservice** an. Für alle Sushi-Verächter: Indisch und Thai sind hier auch zu haben. Die Köche verwenden weder Glutamat noch Sahne oder Butter und kaum tierische Fette. Und wenn es mal was für eine große Feier sein soll – auch komplettes Catering wird angeboten. Tel.: 0431 / 805 82 77, www.sushi-express-kiel.de

Pizza

Mit einem leckeren Rotwein machst Du Dir zu Hause auch ganz ohne Kochtalent einen schmackhaften italienischen Abend. Echtes Italien-Feeling mit Pizza und Pasta gibt es hier:

Mundfein Pizzawerkstatt: Große Auswahl an Nudelgerichten, Salaten und Pizzen mit frischen Zutaten (auch zum selbst zusammenstellen). Tel.: 0431 / 39 79 66 (Ost), 0431 / 220 85 10 (West), www.mundfein.de

POI pizza originale italiana: Italienisches von Antipasti über Pizza bis Tiramisu. Tel.: 0431 / 239 55 69, www.poi-kiel.de

Döner, Baguette & Burger

Steht Dir der Appetit eher nach Döner, Snacks, Baguettes oder Burger? Dann versuch's mal bei einer der folgenden Adressen:

Croques Paris: Hier gibt's, der Name verrät es schon, eine Riesenauswahl an Croques, belegt von klassisch bis echt gewöhnungsbedürftig. Außerdem warten hier noch die sogenannten „Flammcrosser" auf Dich: dünner Teig, Kräutercreme drauf und dann kommt der Belag. Tel.: 0431 / 55 79 285, www.croque-paris.de

Bei **Heiss & Frisch** wird alles von Currywurst und Schnitzel über Croques bis zum Burger geboten. www.heiss-frisch.de

Immer nur normaler Döner ist doch langweilig! **Dönermania** schafft Abwechslung und liefert Dir die verrücktesten Variationen des türkischen Leckerbissens vom Döner Hawaii bis zum Döner Salsa. Burger & Pommes bekommt man auch noch dazu. www.doenermania-kiel.de

Kiel endlich endlich Kiel endlich

Hunger? Hunger?

Essen
unterwegs

Restaurant
Fast Food

Fördeknacker
Döner

Fischbrötchen
Fast Food
Restaura
Döner

Appetit während der Shoppingtour, ein leichtes Bauchgrimmen nach dem Kinobesuch, die Kraftreserven in der Mittagspause auffüllen oder abends einmal so richtig schön ausgehen – es gibt viele gute Gründe, um unterwegs einen kleinen Snack oder eine opulente Mahlzeit zu sich zu nehmen. Auch in den Straßen Kiels findest Du zum Glück Mittel und Wege, größere und kleinere Hungergefühle zu bekämpfen.

Schnelles Essen für ungeduldige Mägen

Gegen das akute Magenknurren außerhalb der üblichen Essenszeiten oder auch für den gefürchteten Heißhunger unterwegs – Fast Food (landestypisch und international) bekommt man auch in Kiel an jeder zweiten Ecke. Döner, Pommes, Bratwurst und Frühlingsröllchen sollten aber nicht nur fix zubereitet sein, sondern auch noch gut schmecken und natürlich kein allzu großes Loch ins Monatsbudget reißen.

Döner, Falafel und Co.

Dank der enormen Portion Salat, Tomaten und Kraut ist Döner der wahrscheinlich vitaminreichste schnelle Imbiss in Deutschland und beliebt wie kaum eine andere Warmspeise für zwischendurch.

Im **Alanya-Grill** (Holtenauer Str. 61) und im **Lokma Grillimbiss** (Knooper Weg 142) kannst Du die Lust auf Dönerfleisch, Schafskäse und Falafel mehr als befriedigen. www.alanyagrill-kiel.de

Aber auch der **Marmaris Imbiss** (Holtenauer Str. 308) und **Garip's Döner** (Kirchhofallee 54) sind wirklich gute Adressen in Kiel, wenn es bei Dir „dönert". www.marmaris-kiel.de

Hunger
Fast Food
Speisekarte
Essen
Restaurant

Asia to go

Sollte Dir der Sinn eher nach Asiatischem stehen, die dringende Sehnsucht nach Frühlingsrollen, gebratenen Nudeln und Wantan entstehen, dann bereiten Dir **Asia Wok Kiel** (Ringstr. 47) oder **Asia Snack Fu Loi** (im CITTI-PARK, Mühlendamm 1) genau das zum Auf-die-Schnelle-Verspeisen.

Kartoffeln mal anders

Kumpir – so lautet der Name eines in Deutschland noch eher unbekannten Kartoffelgerichts vom Balkan. Und das funktioniert folgendermaßen: Das Innere des Erdapfels wird nach dem Backen zerdrückt, mit Butter und Käse vermischt und anschließend mit Soßen, Salaten und mehr serviert. Klingt merkwürdig – ist aber so köstlich, dass Du es unbedingt mal ausprobieren solltest. In Kiel kannst Du das im **Käptn Kumpir** (Sophienblatt 20) oder im **Kumpir Kult** (Gutenbergstr. 13). www.kumpir-kiel.de

Fischbrötchen

Zum absoluten Pflichtprogramm im Kampf gegen den Hunger zwischendurch gehört in Kiel natürlich der Besuch eines der zahlreichen Fischbrötchenstände. Mit dazu gereichten Dressings oder Remouladen schmecken Backfisch, Aal und Kollegen richtig lecker und eben einfach nach Meer und Küste. Die Wagen von Matjes Lange mit einem großen Sortiment an Fischspezialitäten findest Du auf diversen Märkten in Kiel (s. „Essen zu Hause", S. 68). www.matjes-lange.de

Wenn Du das Küsten-Feeling perfektionieren möchtest, kannst Du das am **Hafenkiosk Goldfisch** am Soling 50 tun, wo Du Dich direkt am Strand mit köstlichen Fischbrötchenkreationen selbst verwöhnen kannst. Solltest Du Dir nicht entgehen lassen!

Pommes, Bratwurst, Fördeknacker

Gelüstet es Dich schlicht nach knusprigen Pommes und der klassischen Bratwurst, lohnt es sich, wenn Du bei **Grill-Maxx** (Holstenplatz 10) einkehrst. www.grill-maxx-kiel.de

Oder Du drehst dich einfach in der Innenstadt einmal um Dich selbst. Mindestens einen Treffer wirst Du so landen, d.h. einen Fördeknacker-Imbisswagen entdecken, bei dem Du eine herrliche Bratwurst im Brötchen kriegen kannst.

Von allem irgendwie etwas ...

... bekommst Du im **King Grill** (Holtenauer Str. 203). Döner, Burger, Pommes und mehr – eben alles, was das Herz bzw. der Magen begehrt. Besonders bewährt, wenn Du, was den Imbiss betrifft, noch nicht so richtig weißt, auf was Du Lust hast, Dich spontan entscheiden und trotzdem eine ordentliche Auswahl zur Verfügung haben willst.

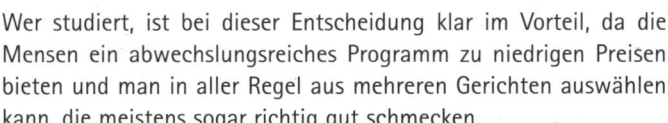

Und was gibt's in der Mittagspause?

Wer studiert, ist bei dieser Entscheidung klar im Vorteil, da die Mensen ein abwechslungsreiches Programm zu niedrigen Preisen bieten und man in aller Regel aus mehreren Gerichten auswählen kann, die meistens sogar richtig gut schmecken.

Aber auch die **Cafeteria in der Mensa 1** (Westring 385) wartet mit Leckereien wie z.B. Ofenkartoffeln, Schnitzel und Wraps für den kleinen Geldbeutel auf – sogar für Nicht-Studenten. Wenn Du Dich über das große

Kiel endlich endlich Kiel endlich

Angebot der Mensen genauer informieren möchtest, findest Du alle Informationen auf: www.uni-kiel.de

--> Stichworte rund ums Studium --> Mensen und Cafeterien

Zur Mittagszeit öffnen außerdem die Kieler Kantinen ihre Tore und laden Dich ein, Deinen aus dem Gleichgewicht geratenen Energiehaushalt wieder in Ordnung zu bringen. Gutes und günstiges Essen bietet z.B. die **Kantina la Finanzia** (Adolfstr. 14-28) im Finanzministerium an. www.kantina-la-finanzia.de

Wer um die Mittagszeit im Rathaus z.B. darauf wartet, endlich im für ihn zuständigen Amtsbüro vorsprechen zu dürfen, sollte unbedingt die **Rathauskantine** (Fleethörn 9) ausprobieren. Hier kann man sich nicht nur zum Trost was Gutes tun und die Nerven stärken, sondern auch die Wartezeit auf angenehme Art verkürzen.

Das **Oblomow** (Hansastr. 82) bietet eine große und monatlich wechselnde Auswahl an Gerichten für den Mittagstisch. Die Angebote gelten von Montag bis Freitag in der Zeit von 11.30 bis 16.00 Uhr. Auch wer spät in die Mittagspause geht, hat also noch die Chance, sich hier was Schmackhaftes munden zu lassen. Schon ab 4,95 Euro bekommst Du appetitlich und manchmal sogar raffiniert zubereitete Speisen, wahlweise mit Fleisch oder vegetarisch. www.oblomow-kiel.de

Auch der Mittagstisch im **Galileo** (Westring 451) ist vielfältig und wird jede Woche neu zusammengestellt. Für wenig Geld kannst Du Dich hier von asiatisch angehauchten Gerichten bis zur gutbürgerlichen Küche mit allerlei Leckerbissen verwöhnen. www.galileo-kiel.de

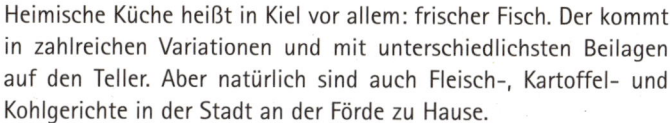

Heimische Küche

Heimische Küche heißt in Kiel vor allem: frischer Fisch. Der kommt in zahlreichen Variationen und mit unterschiedlichsten Beilagen auf den Teller. Aber natürlich sind auch Fleisch-, Kartoffel- und Kohlgerichte in der Stadt an der Förde zu Hause.

Das **Fischers Fritz** im Hotel Birke (Martenshofweg 8) ist nach eigener Aussage das „einzige wirkliche Fischrestaurant Kiels". Im schicken Ambiente werden echte Holsteiner Spezialitäten kredenzt. Du willst selbst sehen, wie frisch der Fisch ist? Kein Problem: Die offene Küche macht's möglich. www.fischers-fritz.com

Das **Pier 16** (Raiffeisenstr. 2) befindet sich im Atlantic Hotel Kiel und erfreut den verwöhnten Gast mit internationalen, vor allem aber auch mit liebevoll zubereiteten heimischen Spezialitäten. Dafür musst Du zwar schon ein bisschen tiefer in die Tasche greifen, doch es lohnt sich. www.restaurant-pier16.de

Kiel endlich endlich endlich

Hunger
Fast Food
Speisekarte
Essen
Restaurant

Internationale Küche

Deine Geschmacksnerven werden vom kulinarischen Fernweh ergriffen und Du sehnst dich nach exotischen Aromen aus der weiten Welt? Natürlich musst Du auch in diesem Fall nicht gleich auf einem Frachter nach Übersee anheuern. Die internationale Küche ist längst direkt in Kiel vor Anker gegangen:

Italienisch

Tonis (Hafenstr. 15): Teils ungewöhnliches, aber immer leckeres italienisches Essen. Bei gutem Wetter unbedingt die Dachterrasse ausprobieren. www.tonis-kiel.de

Sapido (Eichhofstr. 1): Vorzügliche Italian-Crossover-Küche. www.sapido.de

POI pizza originale italiana (Holtenauer Str. 151): Genialer Pizzateig, frische Beläge und wirklich nicht zu teuer. www.poi-kiel.de

Traum GmbH (Grasweg 19): Hier kannst Du neben Kino und Kultur auch köstliche Steinofenpizza genießen. Montag ist Pizzatag. Da kostet die kleine 3,90 und die große 4,90 Euro. www.traumgmbh.de

Rigoletto (Königsweg 46): Gute italienische Küche in sehr persönlicher und gemütlicher Atmosphäre. www.kiel-ristorante-rigoletto.de

La Stalla (Holtenauer Str. 214): Netter Italiener, der schon in den wilden Siebzigern die Freunde mediterraner Kost in Kiel gut versorgt hat. www.la-stalla-kiel.de

La Torre (Schloßstr. 21): Das La Torre liegt zwar etwas versteckt, aber dafür schmeckt es dem glücklichen Finder umso besser. Geheimtipp!

Japanisch

Soho Kitchen (Gneisenaustr. 1): Auf den ersten Blick hält man die liebevoll gestalteten Räumlichkeiten eher nicht für ein Sushi-Restaurant – kein Fließband, dafür orientalisch-romantisches Flair. Aber im Soho Kitchen wurde, so erzählt man sich, das erste Sushi in Kiel serviert. Außerdem warten die Köche mit moderner Thaiküche auf. www.soho-kiel.de

Zenbar (Schloßstr. 1-3): Japanische Gaumenfreuden – diesmal im Lounge-Look und direkt vom Fließband. Angeblich bekommst Du hier sogar das einzige „Running Sushi" in Schleswig-Holstein. www.zenbar.de

ann (Holtenauer Str. 158): Und nochmal Sushi – aber nicht vom Fließband, sondern vom Feinsten. Ausgesprochen ästhetische Speisen, schicke Atmosphäre und die passenden Weine – und Preise – dazu. www.annrestaurant.com

Koreanisch

Kleiner Seehund (Kleiner Kuhberg 32): Frische und exotische Gerichte. Nicht leicht zu finden, ein eher einfaches Lokal, aber absolut empfehlenswert.

Indisch

Tadsch Mahal (Hanssenstr. 1) Indische, tibetanische und nepalesische Küche bei schummrigem Licht. Die Spezialität des Hauses: Gebackenes aus dem traditionellen Tandoor-Lehm-Ofen.

Bollywood Bombay (Knooper Weg 140): Exzellent gewürzte und abwechslungsreiche indische Küche. Zu Recht hoch gepriesen. Unbedingt das Buffet probieren! www.bollywood-bombay-kiel.de

China, Thai & Co.

Asia Imbiss Kiel (Projensdorfer Str. 8): Ja, der Name sagt es schon, das ist ein Imbiss. Trotzdem: einfach köstlich, herrlich exotisch und auf Wunsch ganz ohne Geschmacksverstärker. www.asiaimbiss-kiel.de

Chau's Wok (Westring 282): Asia-Bistro ohne allzu viel Kitsch. Hier werden die Gerichte beeindruckend schnell und direkt vor Deinen Augen zubereitet. www.chauswok

Exquisites China Restaurant Chau (An der Schanze 42): So eine Pagode macht nicht nur optisch etwas her: Hier bekommst Du auch Dein chinesisches Essen auf die stilvolle Art serviert. Am besten speist es sich im Wintergarten direkt am Kamin. Natürlich sind da auch die Preise nicht auf Imbiss-Niveau. www.chau.eu

TanTamar (Steinstr. 1): Wirklich schönes Lokal mit viel Holz und überdurchschnittlich guter Küche: große Auswahl an Thaigerichten und Teriyakis, ab und zu aber auch ein „Georgischer Abend". www.tantamar.de

Du willst Dich einfach nicht einseitig festlegen? Dann ist das **Pagoda** (Kleiner Kuhberg 44) die erste Wahl: Hier bekommst Du chinesische, thailändische und auch japanische Spezialitäten unter einem Dach. Das ist vielleicht nicht ganz so authentisch und charmant, aber ungemein praktisch. www.pagoda-kiel.de

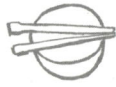 

Spanisch

La Tasca (Howaldtstr. 6): Das Kieler Tapas-Restaurant lockt mit urgemütlicher Atmosphäre, spanischen Häppchen und bodenständigen Preisen. www.latascaenkiel.de

Frens Tapas (Jägersberg 6): Die leckeren Tapas und mediterranen Gerichte kannst Du hier ganz nach Lust, Laune und Wettervorhersage mit oder ohne Dach überm Kopf genießen. Die Küche wird regelmäßig vom „Feinschmecker" empfohlen. www.frens-tapas.de

Mexikanisch, Amerikanisch

Santa Fe (Holtenauer Str. 93): „New Mexican" nennen die Betreiber den Stil im Santa Fe. Was dahintersteckt? – Hingehen und rausschmecken! Bison-Fleisch vom Grill gehört aber definitiv dazu. www.santa-fe.de

El Paso (Kleiner Kuhberg 2): Hähnchen, Schwein und Rind im kulinarischen Western-Style. www.elpaso.de

Portugiesisch

Brasserie Madeira (Sophienblatt 38): Im schlicht und dennoch mediterran eingerichteten Restaurant kann man sich mit portugiesischen Gerichten verwöhnen lassen. Aber nicht nur: Zum Mittagstisch gibt's z.B. schon auch mal ein „Brauhaus-Gulasch". www.brasserie-madeira.de

Griechisch

Taverna Alexandros (Russeer Weg 141): Live-Musik sorgt für die original griechische Atmosphäre zu Gyros und Bifteki. www.taverna-alexandros.de

Apollon (Preetzer Chaussee 125): Gutes griechisches Essen mit großen Fleischportionen und ordentlich Knoblauch. www.apollon-kiel.com

Kiel endlich endlich Kiel endlich

Gemischtes

Für den Fall, dass Du Dich nicht so richtig für die Küche eines bestimmten Landes entscheiden kannst, probier es doch mal bei einem der folgenden Läden. Die jeweiligen Speisekarten haben so einiges zu bieten:

Das **GreenFields** (Eckernförder Str. 180) ist ein einfaches Lokal mit großer Karte – von Afrikanisch bis Spanferkel mit Sauerkraut. www.greenfields-kiel.de

Das **Goodies** (Holtenauer Str. 214) bietet gepflegtes Interieur und Best of India, Mediterranes und Internationales. www.goodies-kiel.de

Lecker und unkompliziert

Hin – gut essen – satt und zufrieden wiederkommen. Manchmal soll es einfach ganz unkompliziert sein und natürlich trotzdem gut schmecken.

Bella Roma (Elendsredder 4): Pizza, Pasta, Eis und mehr. Alles wird richtig frisch vor Deiner andächtig schnuppernden Nase zubereitet. Seit neuestem bietet das Bella Roma auch einen Lieferservice. Das absolut geniale Essen kannst Du Dir daher jetzt auch unter der Telefonnummer 0431 / 983 68 80 direkt nach Hause bestellen.

Heinrich der achte (Holtenauer Str. 142): Regional und international – und das schon seit mehr als 50 Jahren. Und trotzdem modern und nach zeitgemäßem Geschmack. Chapeau, Heinrich! www.heinrichderachte.de

Waldschänke (Projensdorfer Str. 232): Polnische und internationale Küche. Deftig, delikat, einfach gut. www.waldschaenke-kiel.de

Essen Hunger Pizza Döner Bratwurst //85

Wirtshaus (Holstenstr. 88): Haxen in Kiel? Ja, auch im Norden der Republik darf's mal bayerisch zünftig sein. www.wirtshaus-kiel.de

Jack's Kitchen (Westring 399): Pizza, Pasta und Co. Frische Zutaten, stylish und lässig aufgemacht und dazu noch der pure Genuss. www.jackskitchen.de

Studentenkneipen

Neu an der Uni? – Hier treffen sich die Studis nicht nur zur Referatsbesprechung, sondern zum Plaudern, Tratschen, Trinken und Futtern.

Cafe Exlex (Ziegelteich 14): Flammkuchen, süßes Backwerk, kleine Snacks und im Hintergrund Musik abseits des Mainstreams. www.exlex-kiel.de

Einstein (Feldstr. 65): Uriges Restaurant, in dem Du Pizza, Nudeln und mehr zu angemessenen Preisen serviert bekommst.

Campus Suite (Westring 389): Heißgetränke, süße Sünden, abwechslungsreich belegte Baguettes in eher lässig-moderner Atmosphäre. www.campussuite.de

Oblomow (Hansastr. 82): Bar und Restaurant mit internationalen Gerichten zum lange Rumhängen und Klönen – und das schon seit 1968! www.oblomow-kiel.de

Forstbaumschule (Düvelsbeker Weg 46): Mitten im Grünen der gleichnamigen Parkanlage kannst Du hier Regionales und Internationales verspeisen

Kiel endlich endlich Kiel endlich

//86 Essen unterwegs

Hunger
Fast Food
Speiskarte
Essen
Restaurant

und beim gepflegten Wein oder beim Bierchen mit den Kommilito-
nen über Gott und die Welt diskutieren. www.forstbaumschule.de

Wenn's mal exklusiv sein soll

Hast Du (ein bisschen) im Lotto gewonnen, die (Schwieger-)Eltern
zu Besuch, eine richtig fette Gehaltserhöhung eingesackt oder eine
Essenseinladung von sehr, sehr großzügigen Menschen bekommen?
Dann bieten Dir Kiels Gourmet-Tempel auch die Möglichkeit, mal so
richtig zu prassen.

QuamQuam (Düppelstr. 60): Unter prächtigen Kronleuchtern sit-
zend erfreut man sich am geschmackvoll gedeckten Tisch an internationalen, saisonalen Spezialitäten und edlen Weinen. Ohne Frage
„Düsternbrooks schickstes Wohnzimmer" mit preislich stark gestaf-
felter Karte von 11 bis 27 Euro für ein Hauptgericht.
www.quamquam-kiel.de

Parkrestaurant im Romantik
Hotel Kieler Kaufmann (Niemannsweg 102): Besonderen
Wert wird in der Küche auf einen
regionalen Bezug gelegt. Gemütlich, und dennoch pompös-kit-
schig kommt das Ambiente
daher, aber trotzdem – oder
gerade deswegen – fühlt man
sich irgendwie richtig wohl. Ein
3-Gänge-Menü liegt bei etwa
50 Euro.
www.kieler-kaufmann.de

--> Speisen
   --> Parkrestaurant

Lüneburg Haus (Dänische Str. 22): In eleganter Einrichtung in einem der schönsten noch erhaltenen „Altbauten" Kiels wird Dir im Lüneburg Haus moderne (nord-)deutsche Küche mit Pfiff serviert. Hauptgerichte von 13 bis über 30 Euro. www.lueneburghaus.de

Restaurant Jakob im Hotel Steigenberger Conti-Hansa Kiel (Schloßgarten 7): regionale und internationale Speisen für den verwöhnten Gaumen und das gefüllte Portemonnaie in entsprechend edlem Rahmen. Hauptgerichte von 14 bis 35 Euro. Selten und erfrischend mutig in dieser Preisklasse: Tofuschnitzel.

Weinstein (Holtenauer Str. 200): Frisch vom Markt kommen die Zutaten für die raffinierten kulinarischen Spezialitäten im Weinstein. Im liebevoll eingerichteten Restaurant werden z.B. Gambas, Springbocksteak und irisches Rind serviert – das Angebot auf der Karte wechselt alle 2 Wochen, aber die ambitionierte Kochkunst bleibt konstant - ebenso wie die riesige Weinauswahl. Hauptgerichte zwischen 20 und 25 Euro. www.weinstein-kiel.com

Kiel endlich endlich Kiel endlich

Kaffee
endlich
Cappuccino

Durst?
Durst?
Durst?
Durst?
Bier
Bier
Bier
Bier
Wein
Wein
Bier
Cappuccino
Cappuccino
endlich
Kaffee
Wein
Bier

Bier Wein Trinken
Wasser
Geselligkeit

Auch im kühlen Norden trinkt man gern in Gesellschaft. Ob nach erledigten Einkäufen einen guten Kaffee, mit Freunden ein kühles Glas Bier im Biergarten oder ein Schirmchengetränk in einer Cocktailbar beim Woche ausklingen lassen. Damit Du dafür aber nicht in einer der charmefreien Filialen einer internationalen Gastro-Kette landest, haben wir hier viele heiße und eiskalte Tipps für Dich:

Kaffee und Cafés

Einer Legende nach haben die Ziegen den Kaffee entdeckt. Danke hierfür. Mittlerweile liegt das Koffeingetränk nämlich auf der Beliebtheitsskala der Deutschen ganz weit vorn, sogar noch vor dem Bier. Könnte an seinen unzähligen Variationsmöglichkeiten liegen: schwarz oder mit Milch, mit oder ohne Zucker, aufgeschäumt, stark, mild, brasilianisch, in Bioqualität, Fair Trade, extracremig usw. Und hier die absolut besten Orte für alle Kaffee- und Cafélieb-haber unter Euch. Explizit subjektiv natürlich, aber mit Liebe ausgesucht.

Der gemütliche Kaffee im Sitzen

STATT-Café (Andreas-Gayk-Str. 31): Besondere Synthese von Kultur und Kaffee – Stadtgalerie, Stadtbücherei, Kultur-Forum und Café unter einem Dach. Kulturell hochwertig, fair gehandelt und ökologisch.
www.statt-cafe-kiel.de

Hier oben im Norden wird beim Wort „Kaffee" die erste Silbe betont und der Rest fast komplett verschluckt. Für Zugezogene ein wenig gewöhnungsbedürftig, aber immer wieder lustig. Probleme bei der Bestellung? s. „Sprachregeln", s. 224

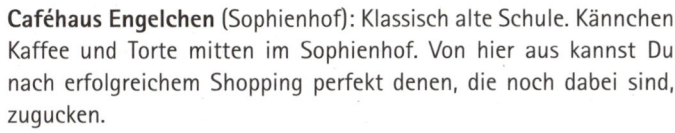

Caféhaus Engelchen (Sophienhof): Klassisch alte Schule. Kännchen Kaffee und Torte mitten im Sophienhof. Von hier aus kannst Du nach erfolgreichem Shopping perfekt denen, die noch dabei sind, zugucken.

Café Konditorei Fiedler (Russeer Weg 92, Holtenauerstr. 62 und Am Alten Markt): Echtes Kieler Traditionscafé mit köstlichem Selbstgebackenem in gemütlicher Atmosphäre. Ein bisschen teurer, aber dafür gleich dreimal in Kiel die größte Auswahl an Marzipan und Pralinen. www.cafe-fiedler.de

Campus Suite (Bootshafen): Nicht die einzige Campus Suite, aber sehr schön mit Blick aufs Wasser und äußerst zentral. Kaffee in allen Varianten im studentischen Loungeambiente. Brötchen dazu nicht vergessen. Andere Filiale gefällig? (s. auch „Kaffeetrinken für Eilige", S. 93) www.campussuite.de --> kiel

Deichperle (Falckensteiner Strand/Deichweg 24): Guter Kaffee mitten auf dem Deich mit gigantischem Panoramablick über die Kieler Förde. Zum Seele baumeln lassen (s. „Bier im Freien", S. 100). www.deichperle.eu

LOUF (Reventloualle 2): Im Sommer schick und direkt an der Kiellinie Kaffee schlürfen und mit etwas Glück dabei im Liegestuhl fläzen. Bei Regen erwartet Dich drinnen eine nicht weniger schicke Atmosphäre. www.louf.de

TragBar (Holtenauer Str. 174): Lecker, praktisch und nett. Direkt im Design-Shop sich ganz lässig eine der internationalen Kaffeespezialitäten genehmigen. Geburtstagsgeschenk oder Mitbringsel dabei einfach im Sitzen auskucken. www.tragbar-kiel.de

frish (Lessingplatz 1): Nettes kleines Café in der ehemaligen Schwimmhalle. Unbedingt die Leckereien probieren! Rundherum liebevoll gemacht und garantiert ohne Chlorgeschmack (s. auch „Kaffeetrinken für Eilige", S. 93).

Kiel endlich endlich Kiel

endlich

Chelsey (Jungfernstieg 5): Herzliche Bedienung zu gutem Kaffee. Drinnen in schnieken Sesseln oder draußen im kleinen romantischen Hofgarten. www.chelsey-kiel.de

 Café PhollKomplex (Brunswiker Str. 52): Politisch interessiertes Szenecafé mit kulturellem Anspruch. Aber auch einfach nur so auf ein Käffchen sehr nett. Kinder- und hundefreundlich noch dazu. Das Abendprogramm bietet Live-Musik, Politiksofa und noch mehr. www.phollkomplex.de

 Resonanz (Mittelstr. 23): Grüne Wände, alte Möbel und Fensterplätze zum Rausgucken. Die selbstgemachten Pralinen sind vorzüglich! Dringende Geschäfte? Dann solltest Du mal in den Wandschrank schauen ... Einziger Haken am Resonanz: Montags ist geschlossen.

Kaffeetrinken für Eilige – Kaffee to go

Viele schwören darauf, andere verachten ihn: den Kaffee für unterwegs. Bestimmt nicht immer das Beste, was man kriegen kann, aber manchmal äußerst praktisch und wirksam. Hier ein paar Orte, an denen Du trotz des Pappbecherfeelings immerhin vollen Kaffeegeschmack bekommen kannst:

Und für zu Hause?

Da gibt es den Kiel-kaffee zum Selbstkochen: Fair Trade, kolumbianisch, kontrolliert biologisch und ansprechend verpackt, extra für die Stadt Kiel. Auch als Mitbringsel immer ein Hit. www.kielkaffee.de

Lunatique (Ziegelteich 10): Tee und Kakao als eigentliche Spezialitäten, aber der Mitnehmkaffee wird Dir trotzdem schnell und freundlich serviert. www.lunatique-kiel.de

Punta Italia Store (Eckernförder Str. 58) : Klein, aber oho. Echt italienische Dolci und hausgemachte Cornetti zum Caffè. Vor dem

Aufbruch noch die hübschen Bilder an der Wand begutachten und dann vermutlich a presto. www.puntoitaliastore.de

Campus Suite: Stolpert man sowieso andauernd vorbei. Nicht nur für Studenten. Und Kaffee ist hier in jeglichen Varianten erhältlich – in allen sechs Filialen. www.campussuite.de

frish (Lessingplatz 1): Eigentlich ja viel zu nett, um schnell wieder zu verschwinden. Wäre da nicht der Schrevenpark direkt vor der Türe ...

Cocktails und Longdrinks

Du gehörst zu denen, die abends gern bei chilliger Atmosphäre das ein oder andere Mischgetränk zu sich nehmen und sich über ein Schirmchen oder frisches Obst im Glas freuen? Damit Du Dich auf der Suche danach nicht verläufst oder an Fertigware gerätst, folgen hier ein paar ausgewählte Locations, die Dir Deine Wünsche gewiss erfüllen können.

Prinz Willy (Lutherstr. 9): Äußerst gemütlicher Wohnzimmerclub, (fast) immer Live-Musik und grandios herzliche Bedienung. Auch die Cocktails sind absolut königlich (s. auch „Bier im Freien", S. 100). www.prinzwilly.de

Bond (Bergstr. 17a): Enge Szenebar mitten in der Partyhochburg Bergstraße. Schick und freundlich. Und zum Entspannen im hinteren Bereich eine Riesenmatratze. Den Martini bekommt man hier geschüttelt und auch gerührt. www.bond-kiel.de

Chagall (Eckernförder Str. 34): Ein bisschen schnieke, feurig mexikanisch und (fast) immer gut besucht. Donnertags ist Cocktail Night mit Sonderpreisen.

Hemingway (Alter Markt 19): Die älteste Cocktailbar in Kiel mit großer Auswahl (über 100 Cocktails auf der Karte!). Durchaus etwas ausgeprägtere Schickimicki-Tendenz, aber trotzdem gemütlich. Mitten in der Altstadt.

El Paso (Kleiner Kuhberg 2): Eigentlich ein amerikanisch-mexikanisches Restaurant, aber die Cocktails sind durchaus nicht zu verachten – und die Preise ungemein sympathisch. www.elpaso.de

Trafo (Kleiner Kuhberg 12a): Mondän und ein bisschen teurer, aber sehr schön. Besonderes Highlight: Molekulare Cocktails! Und wenn Du Glück hast, triffst Du hier auch den einen oder anderen THW-Spieler. www.trafo-bar-kiel.de

Galileo (Westring 453): Mehr als die Fassade vermuten lässt! Moderne Location irgendwo zwischen Restaurant, Lounge und Bar. Genau deshalb perfekt nach einem harten Arbeitstag. Faire Preise noch dazu (s. auch „Bier im Freien", S. 101). www.galileo-kiel.de

Private Cocktailparty gefällig?

locationx (Steinberg 182) ist ein Cocktailcatering-Service, der seit acht Jahren die Landeshauptstadt mit bunten Flüssigkeiten beglückt. Alles, was man für gute Cocktails braucht, wird mitgebracht. Die Cocktailbar und die Crew natürlich auch. www.locationx.de

Exlex (Ziegelteich 14): Blümchentapete, Couchen, Barhocker und gute Preise. Entspannt und unaufgeregt, regelmäßige Ausstellungen inklusive – und montags gibts alles aus dem Shaker für nur 4 Euro. www.exlex-kiel.de

Sternstunde (Jungfernstieg 27a): Wenn die Sonne im Schrevenpark untergeht, hast Du es nicht weit. Hier ist es schick und gemütlich, die Cocktails sind köstlich. Falls es warm genug ist, kannst Du auch gleich draußen Platz nehmen. www.sternstunde-kiel.de

Heinrich Bar (Düppelstr. 88): Ob vor dem Kamin, in einer kuscheligen Ecke oder an der Theke: Hier schmeckt der Cocktail – und, wem's liegt, auch die Wasserpfeife. www.heinrich-bar.de

EnVito (Ahlmannstr. 24/Ecke Westring): Bar-Lounge-Restaurant mit Herz für Fußballbegeisterte (Live-Übertragungen) und andere Spielwütige. Montags und donnerstags fallen die Cocktailwürfel: Deinen Wunsch-Cocktail aussuchen und den Preis mit zwei Würfeln selbst erspielen, jedes Auge zählt 50 Cent. Eigene Würfel sind natürlich nicht erlaubt ... www.envito-kiel.de

JuMe (Harmsstr. 83): Irgendwo zwischen Café und Bar. Liebevoll gestalteter Laden mit Comic-Kunst und einem Stilmix aus schön altbackenen und modernen Möbeln, bei dem sich jeder wohlfühlen kann. Faire Preise, lustige Bedienung und immer mal wieder auch Live-Musik. Sogar der Hinterhof hat Charme. www.jume-kiel.com

Kiel endlich endlich Kiel
endlich

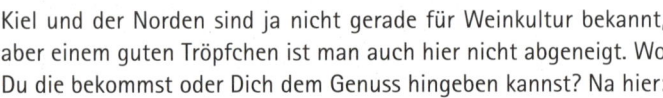

Wein

Kiel und der Norden sind ja nicht gerade für Weinkultur bekannt, aber einem guten Tröpfchen ist man auch hier nicht abgeneigt. Wo Du die bekommst oder Dich dem Genuss hingeben kannst? Na hier:

Vertrauensvoller Weineinkauf – Der Weinladen

Marxen/Wein (Knooper Weg 39): Ein echter Weinkenner und ausgebildeter Sommelier pflegt das Sortiment – sogar mit regelmäßigen Nachforschungen direkt vor Ort. Ansonsten einfach mal wegen der lustig-genialen Werbesprüche vorbeischauen. Auch online lohnt es sich, mal einen Blick zu riskieren. www.marxenwein.com

Weinhaus Bröse (Schülperbaum 16): Seit über 50 Jahren in Kiel. Hier gibt's Sekt, Wein, Destillate, Präsente, Glaswaren und im Winter Glühwein! Traditionelle Weinhausatmosphäre, gute Auswahl. www.wein-broese.de

Mercato Italiano (Alte Lübecker Chaussee 26): Italienische Weine aus den Regionen Toskana, Sizilien, Piemont, Alto Adige, Veneto … Da wird schon der Besuch im liebevoll eingerichteten Laden zum Italien-Urlaub. Probetrinken erlaubt. www.mercatoitaliano.de

Guter Wein in netter Umgebung – Wein außer Haus

Blauer Engel (Kaistr. 47): Nicht nur für seine Weine bekannt, sondern auch für seine Veranstaltungen (u.a. Musik, Tanz und Tanzkurse, Theater und Fußball-Live-Übertragungen). Gute Auswahl an feinen Tropfen direkt vom Winzer. Toller Fördeblick und nette Bedienung inbegriffen. www.blauerengel-kiel.de

El Méson. Weinbistro (Holtenauer Str. 53): Viele und gute Weine vor allem aus Deutschland, Spanien und Italien bei ständig wechselnden Gerichten. www.el-meson.de

TraumGmbH (Grasweg 19): Bio-Wein und interessante Atmosphäre. Danach vielleicht noch tanzen gehen im Club oder doch lieber ins Kino? Kein Problem: alles im gleichen Haus.
www.traumgmbh.de

Bier

Noch im 19. Jahrhundert gab es in Kiel über 30 Brauereien, heute gibt es nur noch eine. Aber das bedeutet natürlich nicht, dass das Gerstensafttrinken hier weniger Beachtung findet. Kiel ist groß und die Möglichkeiten vielfältig, in netter, lustiger, alternativer, schöner, ruhiger oder skurriler Atmosphäre Dein alkoholisches Kaltgetränk zu Dir zu nehmen. Hier ein paar Hinweise, wo Du vielleicht Deinen zukünftigen Lieblingsplatz fürs kühle Blonde findest:

Kieler Brauerei am Alten Markt (Alter Markt 9): Hier bekommst Du das gute Kieler Bier. Naturtrüb, untergärig, mild gehopft. In zünftiger Umgebung, zwischen Wandmalerei, Rundgewölben und robusten Holztischen lässt es sich hervorragend trinken – bei gutem Wetter auch vor der Tür. Der besonders Durstige kann sich das Bier am Tisch sogar selbst aus einem Holzfass zapfen: von 4,5 bis 30 Liter, je nach Trinkbedürfnis und Gruppenstärke. Nette Bedienung und gemischtes Publikum runden das alles ab. Das gute Gebräu gibt es auch in echten Holzfässern á 10 oder 30 Liter zum Mitnehmen oder liefern lassen. www.kieler-brauerei.de

The Hanging-Garden (Waitzstr. 91): Eigentlich ein Muss. Gute Bierauswahl (vom Fass oder aus der Flasche), schräge Atmosphäre und Musik, Kickertische, Dartscheibe, Tresen zum Aufstützen, netter Service – mehr braucht eine gute Bierkneipe nicht. Nur sonntags geschlossen. Nichts für Zartbesaitete – es geht hier etwas deftiger zu. www.hanging-garden.de

Kiel endlich endlich Kiel endlich

Bier Wein Trinken
Wasser
Geselligkeit

Schaubude (Legienstr. 40): Laute Musik, zuplakatierter Raucher-raum mit Kickertisch, mit Aufklebern übersäte Theke und bekannt und geliebt für ihre vielen Konzerte. Das Bier wird schnell und nett serviert. www.kieler-schaubude.de

Club Galerie 68 (Ringstr. 68): die legendäre Werner-Kneipe. Da stimmt natürlich auch das Bierangebot. Der Werner-Erfinder Röt-ger „Brösel" Feldmann war hier lange Stammgast und hat die Anfänge seines Erfolges auch (ein wenig) diesem Laden zu verdan-ken. Vielleicht begegnest Du ihm hier mal. Heute dank unterschied-lichster Ausstellungen zusätzlich zum angenehm unrenovierten Flair künstlerisch wertvoll. www.club68.de

Taktlos (Hansastr. 26): Ob morgens zum Frühstück, mittags zum Kaffee oder abends auf ein Bierchen, das Taktlos ist immer mal einen Besuch wert. Im 70er-Jahre-Ambiente kannst Du hier gemüt-lich Dein frisch Gezapftes zu Dir nehmen. Das Publikum ist jung und studentisch. www.taktlos-kiel.de

Wubbke (Holtenauer Str. 112): Was für ein Biersortiment! Alles, was die Leber begehrt – u.a. frisches Guinness vom Fass. Platz ist nicht besonders viel vorhanden, aber dafür ist die Atmosphäre (im Gegensatz zum Bier) gut abgestanden. Das Wubbke gibt's eben schon seit über 30 Jahren. Sonntag ist Ruhetag. www.wubbke.de

Unrat (Spichernstr. 2): Kleine Kneipe, kleine Preise, angenehme Menschen. Ob vom Fass oder aus der Buddel. Die beim Zapfen über der Theke leuchtenden Autoscheinwerfer lassen das Bier gleich noch eine Runde besser schmecken. Sonntags gibt's Tatort. Der Ein-gang befindet sich übrigens in der Metzstraße! www.unrat-kiel.de

Champ's (Schloßstr. 16-18): Typische Fußball- und Sportkneipe: Überall Bildschirme und Ballfreunde. Aber das Bier ist auch ohne gut. Achtung: zu Topspielen früh genug hin, sonst wird's trotz der zwei Etagen knapp mit dem Platz. www.champs-kiel.de

Subrosa (Elisabethstr. 25): Alternative Musikkneipe in Gaarden. Schmackhaftes Bier, ab und an Konzerte und vegane/vegetarische Küche. Rock on!

Pogue Mahone (Bergstr. 15): Irish Pub im Partyherzen Kiels. Bier plus lustige Events wie Pub Quiz, Karaoke und Live-Bands. Na dann Sláinte! www.poguemahone.de

Erbse (Calvinstr. 20): Fünf verschiedene Frischgezapfte, Kilkenny und Guinness von der Insel. Prima Kneipe, bunt gemischtes Publikum, Möglichkeit zum Darts spielen oder Kickern und abgetrennter Raucherraum. Sogar die Küche ist super – und tatsächlich nicht besonders erbsenlastig! www.erbse-kiel.de

Oblomow (Hansastr. 82): Klassische Studentenbar. Tagsüber für guten Kaffee oder wohlschmeckende Speisen bei niedrigen Preisen bekannt. Auch fürs Feierabendbier empfehlenswert. www.oblomow-kiel.de

Palenke (Gerhardstr. 91): cold food - warm beer - lousy service. So preist man sich selbst an. Charmanter Laden, das beste Chili der Stadt und gelegentlich auch Konzerte. Nichts für Ordnungsfanatiker. www.innerpalenke.de

Hot Rock (Harriesstr.1): Hier ist der Name Programm. Große Mengen Bier, Hardrock und Metal in (spärlich beleuchteter) Wohnzimmeratmosphäre. Vielleicht nicht unbedingt im weißen Blümchenshirt aufkreuzen! www.hot-rock-kiel.de

Kiel

endlich endlich Kiel

endlich

Bier im Freien

Und dann gibt es ja auch noch die Sonnenmonate, in denen Du öfter mal draußen sitzen kannst. Da trifft es sich gut, dass Kiel so schön ist und Dir mehr als nur ein paar entzückende Plätzchen zu bieten hat. Die besten Biergärten der Stadt für die durstigste Zeit des Jahres:

Forstbaumschule (Düvelsbeker Weg 46): Hach, ist das schön. Umgeben von ganz viel Grün liegt hier Norddeutschlands größter Biergarten, und viele behaupten – auch der schönste. Beim kühlen Hellen einfach mal entspannen und genießen, manchmal sogar von Livemusik unterstützt. Herrlich. Die Nr. 1 in der Stadt. www.forstbaumschule.de

Deichperle (Falckensteiner Strand/Deichweg 24): Am Ende von Kiels längstem Strand findest Du wahrlich eine Perle. Hier kannst Du neben dem kühlen Bier das Meer und den schönen Ausblick genießen – am besten im Liegestuhl. Dann ist die Welt wieder in Ordnung. www.deichperle.eu

Castello (Schrevenpark): Plastikstühle am Rand des Schrevenparks und Sonnenschirme, falls es Dir zu heiß (oder zu nass) werden sollte. Tolles Parkcafé mit gefälligem Flaschenbierangebot, ordentlich Pommes und sogar ein bisschen Bio. Lustige Bedienung

bis in den späten Abend hinein. Von hier aus kannst Du entspannt das bunte Treiben im Park beobachten oder Dich zur kleinen Erholung zwischendurch davon zurückziehen. www.castello-kiel.de

Waldschänke (Projensdorfer Str. 232): Kinderfreundlicher Biergarten, ganz viel Natur drum herum, und wenn Dir langweilig werden sollte, machst Du einfach eine kleine Pause im angrenzenden Tiergehege. Auch nicht überall zu haben: Polnische Spezialitäten wie Barszcz oder Pierogi. www.waldschaenke-kiel.de

Prinz Willy (Lutherstr. 9): Kein Biergarten im eigentlichen Sinn, aber einfach zu nett, um hier nicht erwähnt zu werden. Klein, aber fein und Du kannst direkt vorm Laden in der Sonne sitzen, wo Dir freundlich Dein frisch gezapftes Bier serviert wird. Vergiss nicht, Prinz Willys Hund zu streicheln! www.prinzwilly.de

Bambule (Iltisstr. 49): Hübscher, kleiner Biergarten, mit Liebe hergerichtet. Mitten im Trubel des Kieler Ostufers zum einfach mal Relaxen gut. Und die Bierauswahl ist super. www.bambule-kiel.de

Galileo (Westring 453): Ein Bierchen bei gutem Essen auf der Sonnenterasse ist auch nicht gerade zu verachten – genau das kannst Du im Galileo haben. Schick, edel und angenehm mit köstlichen Gerichten und obendrein auch noch erschwinglich. Da die Sonne dort relativ lange hinkommt, bleibt man gern mal noch auf ein weiteres Bier. Direkt neben der Uni. www.galileo-kiel.de

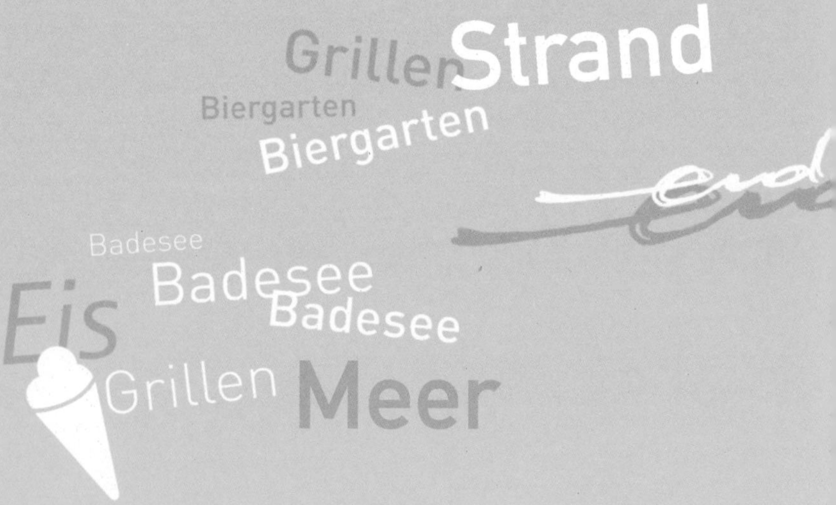

Griller Strand

Biergarten
Biergarten

Badesee
Badesee
Badesee

Eis

Grillen Meer

Sommer!

Es ist
Sommer!

Sommer! *endlich*

Kicken
Strand

Kicken

Grillen Grillen **Meer**

lich Badesee Grillen

Badesee Biergarten Grillen Grille

Biergarten Biergarten

Biergarten *endlich*

Strand

Sommer, Sonne, Strand und Mehr

Im Sommer ist Kiel einfach der schönste Ort der Welt! Wer sich hier langweilt, ist selbst schuld. Ob sportliche Aktivitäten, Entspannung am Strand, Grillen mit Freunden oder gemütlich im Bötchen herumschippern: Kiel bietet unglaublich viele Möglichkeiten! Da kann man auch mal schnell den Überblick verlieren. Damit das nicht passiert, folgen hier eine ganze Reihe Ideen und Vorschläge, wie Du Dir den Sommer so richtig versüßen kannst. Nur entscheiden musst Du Dich selbst. Und was hilft bei einer Entscheidung noch besser als ein kühler Kopf? Eine kalte Zunge!

Eis

Auch im hohen Norden gibt es natürlich unzählige Eisdielen und -cafés. Für Dich haben wir schon mal die Spreu vom Weizen getrennt. Hier die Eis-Dealer, die den leckersten Frische-Kick für schwüle Hochsommer-Tage liefern und mehr zu bieten haben, als das Standard-Vanille-Schoko-Erdbeer-Programm.

Eisparadies (Knooper Weg 150a): Hier windet sich immer eine nach Erfrischung lechzende Menschenschlange, die oft sogar bis auf die Straße reicht. Doch das Warten auf die leckere Versuchung lohnt sich. Denn die Kugeln sind riesig, die Toppings zahlreich und die Früchte immer frisch. Und das Besondere? Das Eisparadies ist eine der wenigen Eisdielen in Kiel, die laktosefreies Eis anbieten und das nicht bloß in einer Sorte. Nein, jeden Tag kann man sich hier überraschen lassen und hat die Wahl aus vier oder fünf Eissorten. Also Schlemmen auch für Intolerante ganz ohne Bauchweh.

Café Zebra (Kirchhofallee 83): Das Café Zebra hat das ganze Jahr über geöffnet und im Sommer gibt es hier sehr, sehr leckeres selbst gemachtes Eis. Neben Grüner Apfel, Cookies und Zitrone ist ein absolutes Muss die Sorte Marshmallow. Das ist Frunkteis mit kleinen Marshmallows drin. Himmlisch! Das gemütliche Café liegt an der Bushaltestelle „Südfriedhof", so dass man eigentlich gar nicht anders kann, als sich noch schnell eine Kugel für den Weg zu holen. Wenn Du etwas mehr Zeit mitbringst, setz Dich hin und lass Dir einen der fantastischen Eisbecher servieren. Diese tragen so vielversprechende Namen wie „Sonnenschein" oder „Froschkönig".

Giovanni L. (Sophienhof/CITTI-Park): Wenn Du gern ausgefallenes Eis magst, bist Du hier genau richtig! Ob Schoko-Chili, Quattro Formaggi mit Waldbeeren oder Kinderüberraschung, exotischer geht's wirklich nicht. Diese Eisdiele hat viele Preise und Auszeichnungen bekommen und das vollkommen zu Recht! Schon die Dekoration in der Auslage ist einfach zum Anbeißen, frische Früchte locken das Auge und die Entscheidung fällt schwer. Aber alles nehmen geht nicht, denn für die außergewöhnlichen Kreationen musst Du schon was hinlegen. www.giovannil-kiel.de

Eis Meyer (Pickertstr. 27, Holtenauer Str. 285, Hasseldieksdammer Weg 112): Eis Meyer ist die Traditions-Eisdiele Nummer eins in Kiel. Die Eissorten sind lecker, die Becher hübsch dekoriert und die Preise gut. Das Besondere? Eis Meyer in Gaarden (Pickertstr. 27) liefert

//106 Es ist Sommer!

Grillen
Sonne
Baden
Eis
Kicken

Dir das Eis sogar nach Hause!!! Wenn es also regnet und Du trotzdem Lust auf die kalte Köstlichkeit hast, schnapp Dir das Telefon und ruf an. Einen kleinen Haken hat die Sache allerdings: Du musst ein bisschen Geduld mitbringen, denn die Lieferzeit ist etwas länger. Aber was tut man nicht alles für sein Eis?!

Telefon: 0431/26040333
Mindestbestellwert Innenstadt und Umgebung: 7 Euro,
außerhalb von Kiel: 18 Euro

Eis am Strand

Natürlich musst Du beim Lümmeln im Sand nicht auf Dein Eis verzichten! An jedem Strand befindet sich mindestens ein Kiosk, bei den Stränden mit Promenade sogar mehrere leckere Eisdielen (s. unten). In Laboe bekommst Du auch noch leckeres dänisches Softeis in der **Dänischen Eis- und Waffelbude** (Sandstr.) direkt an der Promenade. Ein besonderer Tipp: Die Lakritzsoße. Klingt vielleicht merkwürdig und für Süddeutsche etwas abtörnend, ist aber richtig, richtig lecker!

Baden, Plantschen, Schwimmen

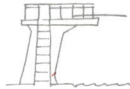

Sommer ist Badesaison. Natürlich auch – oder gerade – in Kiel. Denn hier warten nicht nur verchlorte Bäder und schnöde Baggerseen auf Dich. Nein. Hey, die Stadt liegt am Meer und das bedeutet vor allem: Strand, Strand und noch mehr Strand!

In Kiel und etwas außerhalb gibt es viele schöne Strände, die zum Entspannen, Sonnen und Sandburgen bauen einladen.

Falckensteiner Strand

...fer

...nsteiner Strand: Neben den vielen sportlichen Aktivitä-
...t Du hier vor allem eines: einfach mal abschalten. Hand-
...breiten, die Sonne genießen, die Schiffe vorbeiziehen las-
... Freunden Beachvolleyball spielen oder grillen, alles ist
... Und das auch noch kostenlos. Die Parkplatzsuche ist gerade in den Ferienzeiten ein bisschen anstrengend und der Rückweg
auf die Hauptstraßen sollte mit Wartezeiten eingeplant werden.
Aber wer möchte denn auch schon mit dem Auto zum Strand fahren?

Mit dem Fördeschiff oder Fahrrad erreicht man ihn mindestens
genauso gut. Und dann gibt es ja auch noch den Bus: Buslinie 502,
Haltestelle „An der Schanze", dann ein kurzer Fußweg und Umsteigen in den Strandbus-Shuttle. Der Sand des Falckensteiner Strandes ist mit Steinen durchzogen, die Möwen haben sich inzwischen
schon gut an die vielen Leute gewöhnt und sind manchmal etwas
aufdringlich. Aber was ein echter Kieler ist, der stört sich an den
Steinchen und den Möwen nicht, sondern genießt einfach Sommer,
Sonne, Strand und Meer.

Schilksee: Hier bummelst Du erst durch das alte Olympiazentrum,
ehe Du den Strand erreichst. Die breite Promenade lädt ein zum
Flanieren und zum Genießen
der gastronomischen Angebote.
Sogar ein Meerwasserhallenbad
für Regentage gibt es hier! Der
Strand ist bis zu 30 Meter breit
und mehrere Hundert Meter
lang, so dass jeder dort ein
Plätzchen finden sollte. Hier
kommst Du ganz bequem mit
den Bussen der Linie 501/2 und

Sonne **Grillen** Baden
Eis
Kicken

901/2 hin (Haltestellen „Drachenbahn" oder „Schilksee Olympia-zentrum") sowie mit der Fähre, die in unmittelbarer Nähe des Strandes hält.

Strande: Strande liegt am äußersten Rand der Förde und bietet einen wunderschönen Blick auf die Weiten der Ostsee. Der Strand liegt hier eingebettet zwischen Feldern und Wiesen und ist ideal, um einfach mal tief durchzuatmen. Lange ausgedehnte Spazier-gänge und sonnige Stunden helfen Dir dabei, Kraft für den Alltag zu schöpfen und das Leben wieder ruhiger angehen zu lassen. Hier kommst Du z.B. mit dem Strandexpress hin (s. „Von A nach B", S. 59) oder Du nimmst von Laboe aus die Fähre, die Dich einmal quer über die Förde bringt.

Das Ostufer

Mönkeberg: In Mönkeberg befindet sich einer der kleineren Strän-de, dafür ist er aber auch stadtnah. Er liegt zudem in unmittelbarer Nähe zur Schwentine und zu den Wanderwegen entlang der Förde. Das sorgt für ein naturverbundenes Stranderlebnis und gemütliches Baden. Zudem hält die Fähre direkt am Strand. Für die Anreise mit dem Auto stehen einige kostenlose Parkplätze zur Verfügung.

Hundestrände

In Falckenstein, Laboe, Diet-richsdorf, und Heikendorf gibt es komplette Abschnit-te, die für Hunde und ihre Besitzer reserviert sind. Hier können die Tiere nach Herzenslust herumtoben, den Strand unsicher machen und die Möwen aufmischen. Und das Ganze ohne das Gemecker anderer Strandbe-nutzer.

Möltenort: Der Sand rieselt Dir durch die Finger und stiftet geradezu zum Sandburgen bauen an. Leider musst Du für diesen Strand Kurtaxe bezah-len und nicht alle Parkplätze sind kostenfrei. Dafür wird die Playa täg-lich gereinigt und die DLRG-Wache passt auf Dich auf. Erreichbar ist der Strand z.B. mit den Bus-Linien 100 und 101, per Fähre oder über den Ost-seeküsten-Radweg mit dem Rad.

Laboe: Der Strand von Laboe ist sehr gepflegt, eine Promenade führt am Wasser entlang und viele Eisdielen und Cafés laden zum Verweilen ein. Leider musst Du hier ebenfalls eine Kurtaxe berappen, die im Sommer 2 Euro für den ganzen Tag beträgt. Dafür wird dort aber auch aufgeräumt, der Sand ist feiner und die Fähre fährt direkt dorthin. Während abends am Falckensteiner Strand aufgrund der vielen Bäume von der Sonne nur noch wenig zu spüren ist, scheint sie aufs Ostufer immer noch in ihrer ganzen Pracht. So hältst Du es bis spät abends aus, ohne Dich in dicke Decken oder Handtücher mümmeln zu müssen.

Hier kannst Du Dir auch Strandkörbe mieten, die vor Sonnenbrand schützen. Da Laboe am obersten Ende der Förde liegt, hast Du ein wunderschönes Ostsee-Panorama. Am Ende der Promenade kannst Du Dir ein altes U-Boot ansehen oder das Ehrenmal der gefallenen Soldaten aus dem Ersten Weltkrieg. Dieses Denkmal ist zugleich ein Turm, von dem Du einen weiten Blick aufs Meer hast.

Mehr Infos zu den Fähren und Bussen an den Strand findest Du hier: www.vrk-sh.de --> Fahrplan --> Fährlinien

Strandbar und Seebad

Du hast genug vom Sand? Auch kein Problem. Direkt an der Kiellinie findest Du die gemütliche Seebar (Hindenburgufer), die auf einem Steg über dem Meer liegt und mit ihrer angenehmen Musik und dem Rauschen der Wellen für pure Entspannung sorgt.

Kiel   endlich   endlich   Kiel   endlich

Sonne **Grillen** Baden
Eis
Kicken

Direkt hinter der Seebar beginnt dann das **Seebad**: Ein langer und breiter Steg, mit gemütlichen Liegen und Platz für eigene Handtücher. Von dort ist der Sprung ins kühle Nass Pflicht! Ein Nichtschwimmerbereich wurde ebenfalls abgegrenzt, so dass auch die Kleinen hier viel Spaß haben, und das Ganze mitten in der Stadt. Dabei bietet sich noch ein wunderschöner Panoramablick, der Horizont und die Schiffe umfasst und Dir das unwirkliche Gefühl vermittelt, die Welt für Dich alleine zu haben – zumindest, wenn es mal nicht so voll ist. Der Eintritt kostet für Erwachsene 2,20 Euro. Mehr Infos gibt es hier: www.seebad-duesternbrook.com

Freibäder

Du bist eher der Süßwasser-Typ? Auch kein Problem! Neben dem natürlichen Schwimmbad hat Kiel selbstverständlich diverse Freibäder zu bieten, die Dich mit ihrem kühlen Nass und den obligatorischen frittierten Köstlichkeiten versorgen.

Das **Sommerbad Katzheide** (Von-der-Gröben-Str.) wartet auf Dich mit einem großen beheizten Schwimmerbecken, einer Sprunganlage und einem Kinderbecken mit einigen Attraktionen, wie der Gegenstromanlage und dem Strudel. Und dann ist da noch ganz viel Liegewiese. Die Tageskarte kostet 3,30 Euro, für Studenten leider keine Ermäßigung. Hin kommst Du mit den Buslinien 22, 101 und 71, aussteigen musst Du dann an der Haltestelle Stoschstraße.

Erholungs– und Freizeitbad Schwentinepark (Jahnstr., Schwentinental-Raisdorf): Hier findest Du sogar eine große Wasserrutsche, die besonderen Spaß garantiert! Das Freibad ist vom Bahnhof in Raisdorf aus in 10 Minuten zu Fuß erreichbar. Mit dem Bus solltest Du ebenfalls bis zum Bahnhof fahren und von dort zum Freibad gehen. Die Tageskarte für Erwachsene kostet 3,50 Euro, für Studenten nur 2,00 Euro. www.stadtwerke-schwentinental.de

--> Freibad

Das **Eiderbad Hammer** (Eiderbrook) ist das <mark>Freibad für Romantiker.</mark> Ganz idyllisch liegt es direkt an der Eider und das Wasser wird noch eigens von der Sonne erwärmt. Ja, das kann zu Beginn des Sommers auch mal etwas frischer sein, als Ausgleich gibt es zum Warmwerden aber Kurse in Aquafitness und Aquajogging. Alle Erwachsenen zahlen 2,20 Euro. Hin kommst Du mit der Buslinie 61/62 bis Marienlust oder 501/502 bis Schulensee, dann umsteigen in Linie 5 (Anruf Linientaxi 0180-1077070 zum Ortstarif. Das ALiTa kann auch vom Linienbus aus angefordert werden.), Haltestelle Eiderbad.

Aktuelle Informationen zu den Öffnungszeiten aller Bäder findest Du hier: www.kiel.de/baeder

Sportliche Aktivitäten

Du liebst Bewegung? Am allermeisten Wassersport? Dann bist Du in Kiel genau richtig! Ob Segeln, Surfen, Kiten, Schwimmen oder Paddeln, alles ist auf, im und rund ums Meer möglich.

Segeln und Surfen

Du wolltest immer schon mal die sieben Weltmeere besegeln oder Dich auf die Suche nach der perfekten Welle machen? Kein Problem, Du bist jetzt in Kiel und hier kannst Du ohne große Hürden den Grundstein für alle weiteren Abenteuer legen.

Die Uni Kiel bietet jedes Jahr Unmengen von Segel- und Surfkursen an, die Dich mit Leichtigkeit an die neue Disziplin heranführen und zum Spaß in der Förde

Kiel

endlich   endlich   Kiel

endlich

oder auf der Ostsee einladen. Es gibt einfache Jollen-Kurse und stinknormale Surfkurse, aber auch Skippertraining, eine Segellehrerausbildung und einen Regattakurs mit anschließender Regatta-Teilnahme. www.segeln.uni-kiel.de

Auch die Segel- und Surfschule „WESTWIND" (Falckensteiner-strand 87) bietet Kurse an. Hier wirst Du ins Navigieren von Jollen und Katamaranen eingewiesen. Und Du kannst auch Surfen lernen oder einen Sportführerschein See machen. www.westwind-kiel.de

Kitesurfen

Wenn Dir Windsurfen oder Segeln zu langweilig sind, versuch es doch mal mit Kitesurfen, einer relativ jungen, trendy Sportart. Für die Fortbewegung auf dem Wasser wird ein Lenkdrachen benutzt, ein so genannter Kite. Mit Hilfe eines Kiteboards gleitet man dann über die Wellen und wird von dem Schirm gezogen. Das erfordert einiges an Übung und Grundlagenwissen, denn Kitesurfen ist per definitionem eine Extremsportart, bei der es durchaus auch mal etwas gefährlicher zugehen kann. Für Deine ersten Versuche mit dem Kite findest Du rechts oben die richtigen Anlaufstellen.

kiteschule kiel

weitere Adressen für
Wassersport:
Ostseeschule Sailaway
(kanalstr. 41)
www.sailaway.de

Wassersport Schwedeneck,
Kronshörn, 24229 Schwedeneck

www.wassersport-schwedeneck.de

Kiteschule Kiel
Holtenauerstr. 69
www.kiteschule-kiel.de

Kite Lessons
Krausstr. 19
www.kite-lessons.de

Kitesurfschule Up Wind
Alte Lübecker Chaussee 44
www.up-wind.de
Hier werden auch Kurse in
St. Peter Ording angeboten!

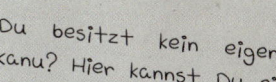

NOTIZEN

Du besitzt kein eigenes Kanu? Hier kannst Du eins mieten:

www.kanucenter-ploen.de
www.bootekeusen.de
www.schwentinetalfahrt.de

Vorteil: Direkt in Kiel
Nachteil: Hier wird stundenweise vermietet, daher kann es etwas teurer werden.

Paddeln und Kanu fahren

Wenn Du etwas entspannter übers Wasser gleiten möchtest, ist Paddeln vielleicht das Richtige für Dich. Auf der Förde kann es einem dabei aber manchmal etwas mulmig zumute werden, gerade wenn die großen Fähren nach Schweden oder Norwegen aufbrechen. Da kommt man sich in seinem kleinen Bötchen bisweilen etwas verloren vor. Für das gänzlich entspannte Paddel-Vergnügen gibt es aber auch noch die Schwentine.

Die Schwentine ist einer der längsten Flüsse Schleswig-Holsteins und mündet direkt in die Kieler Förde. Von hier aus geht es rund 50 Kilometer ins Binnenland bis zum Eutiner See, durch Wiesen, Felder, mehrere Seen und kleine Ortschaften. Natürlich empfiehlt es sich aber eher, stromabwärts, hin zur Kieler Förder zu fahren. Die gesamte Strecke lässt sich bequem in vier Tagesetappen bewältigen. Von verschiedenen Anbietern werden aber auch kleinere Touren angeboten, die wenige Stunden oder einen Tag dauern und unterwegs bieten sich viele Gelegenheiten zum Anhalten und Picknicken.

Kiel   endlich   endlich   Kiel
endlich

Sonne **Grillen** **Baden**

Eis

Kicken

Tauchen

Auch unter Wasser gibt es einiges zu entdecken. Zwar warten hier keine tropischen Korallenriffe und exotischen Fische, dafür aber Heringsschwärme, Barsche und andere Flossenträger, unterschiedliche Krebse und ganze viele Muscheln, Quallen und Würmer.

Wie beim Segeln bietet auch hier die Uni Kiel Kurse an. Bist Du Dir nicht sicher, ob das Tauchen wirklich was für Dich ist, kannst Du erst einmal einen Schnupper-Tauchkurs machen.
www.sportarten.uni-kiel.de/tauchen

kleiner Ausflug gefällig? Am Schönberger Strand kannst Du Surfbretter, Tretboote und Jollen ausleihen und den ganzen Tag verplempern.
Wassersport Brasilien
Mole 33, 34
Schönberger Strand
www.brasilsports.de
--> Vermietung

Im **Baltic-Dive-Center** hast Du die Möglichkeit, mit hochwertiger Ausrüstung alles vom Schnupper-Kurs bis zum technischen Tauchen zu erleben und an spannenden Tauchreisen teilzunehmen.
www.balticdivecenter.de

Beim **Tauchzentrum am Exer** bist Du sowohl als Anfänger als auch als Profi richtig. Du kannst einen Anfänger-Kurs belegen oder Dich auf Wracktauchen, Strömungstauchen oder Nachttauchen spezialisieren. www.tauchzentrum-am-exer.de

Beachvolleyball

Der beste Ort zum Bachvolleyballspielen ist der Falckensteiner Strand. Hier gibt es einen fest angelegten Platz, inklusive Abgrenzungen und Netz. Inzwischen hat sich sogar eine richtige Liga entwickelt, deren Ergebnisse und Spieldaten Du mitverfolgen kannst. Um selbst einmal mitzumachen, startest Du am besten mit Deinem eigenen Team. Wenn Du auf eigene Faust nicht genügend Mitspie-

ler zusammenbekommst, kannst Du an den Schwarzen Brettern der Uni immer wieder Mitspielergesuche von anderen Teams finden.
www.beachliga-kiel.de

Küstenwandern

Das Besondere an Schleswig-Holstein ist, dass es hier gleich zwei Meere gibt: Die Ostsee und die Nordsee. Du hast also die Wahl, ob Du es Dir an der gemächlichen, vor sich hin wabernden Ostsee gemütlich machen willst oder Dich eher der etwas rauere Wellengang der Nordsee inklusive Schlick und Wattwurm lockt.

Doch manchmal ist auch der Weg das Ziel. Wie wäre es einmal mit einer langen Wanderung von einem Meer zum anderen? Auf einem 117 Kilometer langen Weg hast Du die Möglichkeit, in fünf Tagesetappen von der Nordsee zur Ostsee zu pilgern – oder eben andersherum. Über den Westensee nach Rendsburg, von dort nach Breiholz und Albersdorf und schließlich in einer letzten Anstrengung auf nach Meldorf. Infos zur Wanderroute und den einzelnen Etappen bekommst Du unter: www.wanderkompass.de

--> Fernwanderwege
--> Nord-/Ostseewanderung

Hochseilgarten Altenhof

Kletter- und Hochseilgarten

Wenn Du eher von der wasserscheuen Sorte bist, ist das auch kein Problem. Im Kletter- und Hochseilgarten kannst Du Deine Ängste beim Schopf packen, von Baum zu Baum schwingen, ungeahnte Höhen erreichen und mit Seilbahnen durch den Wald rauschen.

Kiel

endlich   endlich

endlich   Kiel

Sonne **Grillen** Baden
Eis
Kicken

Der **Hochseilgarten High Spirits** am Falckensteiner Strand bietet Dir mit vier Schwierigkeitsstufen und bis zu 25 m Höhe eine Menge Spaß. Ob allein oder in Wettkämpfen mit Teams, die höchste Plattform zu erreichen, bedeutet immer einen persönlichen Triumph. Der Nervenkitzel ist atemberaubend, ebenso der Blick über die Förde von ganz, ganz oben. Hin kommst Du einfach mit dem Bus, Linie 502, Haltestelle Brauner Berg.
www.highspirits-kiel.de

Wenn Du mal Abwechslung brauchst, findest Du bei Eckernförde, also gar nicht so weit entfernt, den **Natur-Hochseilgarten Altenhof** (Am Bahnhof 14). Hier gibt es zehn Parcours und es geht rauf auf 20 Meter Höhe. Passend zum Thema kannst Du vor Ort übrigens auch Höhenangst-Seminare absolvieren. Als Belohnung für die Strapazen wartet hinterher das Kletter-Café auf Dich, wo Du Deinen Erfolg bei Snacks und Kuchen feiern darfst.
www.hochseilgarten-eckernfoerde.de

Kicken, bolzen oder feiern

Ja, alle zwei Jahre stehen sogar die Kieler Sprotten auf dem Kopf, wenn es wieder heißt: „Schland, oh Schland ..." Kollektives Gucken und Mitfeiern ist dann angesagt, z.B. beim Public Viewing in der Forstbaumschule oder auf dem Sportforum der Uni. Und wenn gerade mal keine WM oder EM in Sicht ist, kannst Du Dich selber als Profi versuchen und mit Deinen Freunden auf einem der Bolzplätze in Kiel ein paar Bälle schieben.

Natürlich lässt es sich auch direkt am Meer formidabel kicken. Am Falckensteiner Strand triffst Du oft auf Gleichgesinnte und kannst Dich einfach anschließen. Das Gleiche gilt für den Strand in Laboe. Auch der eignet sich hervorragend zum Beachfußball spielen.

Sollte es im Sommer mal regnen, kannst Du Dich auch im **Fußball-Center Pagelsdorf** (Göteborgring 83) zum Indoor-Kick verabreden. Auch einer Partie Beachvolleyball steht selbst bei Wolkenbrüchen nichts im Weg. Alle Infos und Preise unter: www.fcp-kiel.de

Leider darfst Du in Kiel auf den richtigen Sportplätzen nur dann spielen, wenn Du auch Vereinsmitglied bist. Aber bei Vereinen hast Du zum Glück die Riesenauswahl: FC Süd Kiel, FC Kilia Kiel, FC Phönix Kiel, SSG Rot-Schwarz Kiel und viele, viele mehr.

Und wenn es doch nicht gleich die Mitgliedschaft im Verein sein soll: Die Uni Kiel stellt ihre Sportplätze für Fußballbegeisterte zur Verfügung. Die einzige Voraussetzung ist, dass Du den Beitrag für den Hochschulsport bezahlt hast. Dieser liegt zurzeit bei 12 Euro pro Semester. Weitere Informationen bekommst Du auf der Homepage des Hochschulsports:
www.sportzentrum.uni-kiel.de/Hochschulsportangebot

Und hier kickt es sich ganz ohne Gebühren so richtig gut:

 Bolzplatz Achterwurth, Kiel-Friedrichsort

 Bolzplatz Ravensberg, Gutenbergstr. 61, Kiel-Ravensberg, hinter der ESSO-Tankstelle

 Bolzplatz Osloring 45, Kiel-Melsdorf

 Bolzplatz Wellingdorf, Stolzeweg, neben der Kirche in Wellingdorf

 Bolzplatz Westring. In der Nähe der Uni in Richtung Nordfriedhof

 Sportfeld Moorteichwiesen, Kiel-Südfriedhof

 Bolzplatz Hassee, Streitkamp, Kiel-Hassee

Sonne **Grillen** Baden
Eis
Kicken

Minigolfen

Für die richtig heißen Sommertage hat Kiel aber natürlich auch gemächlichere Sportarten zu bieten, wie beispielsweise das gute, alte Minigolf. Die besten Anlagen findest Du hier:

Minigolf am Norder (Eckernförder Str. 180): Der Minigolfplatz in der Eckernförder Straße ist ein Teil der Sportanlagen am Nordmark-Sportfeld. Die Bahnen werden regelmäßig restauriert, repariert und erneuert, so dass dem reibungslosen Spiel nichts im Wege steht. Snacks und Getränke für zwischendurch gibt es ebenso wie einen neuen Dart-Automaten und einen Kickertisch.
www.minigolf-am-norder.de

Minigolf und Mee(h)r (Falckensteiner Strand 69): Wer keine Lust hat auf Surfen oder Klettern, der kann sich am Falckensteiner Strand auch bei einer Partie Minigolf entspannen. Hier gibt es eine moderne 18-Loch-Anlage und Snacks, Eis und Getränke lassen nichts zu wünschen übrig. Die überdachte Terrasse lädt zum Entspannen und Schiffe beobachten ein. www.minigolf-und-meehr.de

Sportpark Kiel Gaarden (Von-der-Gröben-Str.): Direkt neben dem Schwimmbad Katzheide befindet sich die Minigolfanlage auf dem Ostufer. Hier ist ebenfalls eine große Parkanlage vorhanden.
www.sportpark-gaarden.de

Minigolf Laboe (Katzbek 6): Strandpause? Hier kannst Du zwischendurch einfach mal eine ruhige Kugel schieben – ein Kiosk mit den obligatorischen Snacks ist ebenfalls vorhanden.
www.minigolf-laboe.de

Grillen

Im Sommer kann man das Haus kaum verlassen, ohne direkt den vertrauten Duft von Grillkohle in der Nase zu haben. Gerade abends werden die Roste rausgeholt, Würstchen ausgepackt und Salate auf den Tisch gestellt. Und jetzt das Beste: In Kiel darfst Du nicht bloß zu Hause im Hinterhof grillen, in vielen Parks ist Grillen ausdrücklich erlaubt! Natürlich gelten ein paar Regeln: Der Grill muss einen Mindest-Bodenabstand von 30 cm haben und der Müll darf logischerweise nicht liegen bleiben.

In jedem Supermarkt kannst Du einen Grill für unter zehn Euro kaufen und damit ist der erste Schritt in die Grillsaison bereits geschafft. Jetzt musst Du Dich nur noch verabreden und entscheiden, in welchem Park ihr euch treffen wollt. Hier eine Auswahl der besten Grillstätten:

Schrevenpark (Goethestr./Schillerstr./Hebbelstr.): Der beliebteste Park. Jeder kennt ihn, jeder nutzt ihn zum Joggen, Grillen und Freunde treffen. Hier begegnest Du als Kieler immer einem Bekannten! Meist folgt auf die Begegnung eine Einladung zum Mitgrillen.

Leider ist der Park gerade im Sommer ziemlich voll, so dass es manchmal schwierig ist, einen guten Platz zu erwischen. Also früh da sein und Platz belegen! Ein Spaziergang um den Schreventeich sorgt für Abwechslung und bisweilen auch romantische Stimmung.

Moorteichwiesen (Winterbecker Weg/Johann-Meyer-Str./Königweg): Sie sind ein Geheimtipp. Hier findest Du große Flächen zum Grillen, Sonnen und Spielen; auch ein Sportplatz ist da. Ihn zu entdecken ist etwas kompliziert, denn er liegt versteckt zwischen

Häuserzeilen, Schulen und einem Hotel. Das kann selbst bei einge-
fleischten Kielern zu verzweifelten „Wo bist Du?"-Anrufen führen.
Aber auch hier gilt: „Wir haben den Willen zum Grillen."

Grillen am Strand

Am Strand grillt es sich bekanntlich besonders gut. Eine romantische Atmosphäre kommt vor allem bei Sonnenuntergang mit Blick
aufs Wasser auf. Am besten sind hierfür die Strände in **Falckenstein, Laboe** oder **Mönkeberg** geeignet, denn die bieten Dir ausreichend Möglichkeiten, die heiße Kohle zu entsorgen.

Grillinseln auf dem Kleinen Kiel

Zunächst einmal: Was um Himmels Willen ist denn der Kleine Kiel?
Der Kleine Kiel hat gar nichts mit einer nordischen Leckerei oder
einer Miniaturausgabe der nördlichen Stadt zu tun. Stattdessen
handelt es sich bei ihm um einen kleinen See, direkt an der Kieler
Altstadt. Seit Neuestem kann man auf dem Kleinen Kiel komische

Gebilde in knallorange schwimmen sehen. Die Dinger sehen wie
überdimensionale Reifen mit
Sonnenschirmen aus und genau
das sind die Grillinseln, die mitten auf dem Wasser schwimmen.
Hier findest Du mit bis zu zehn
Leuten Platz, um einen Grill-
abend der besonderen Art zu
erleben.

Der Grill ist bereits vorgeheizt, wer mag, kann bei den Veranstaltern
Fleisch und Getränke ordern oder sich selbst verpflegen. Steuern
darf die Inseln jeder über 18 Jahre ohne einen speziellen Führer-
schein, allerdings ist Alkoholverzicht für den Fahrer selbstverständ-

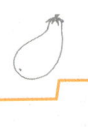

lich. Das Ganze kostet leider schon was, aber mal ehrlich: Ist auch einfach cool! Mieten kannst Du die Grillinsel unter der Telefonnummer 0431/55686242 von der Sommerschmiede Nebelung Petersen GbR oder online unter: www.sommerschmiede.de

Grillen lassen

Andere grillen lassen geht super in der **Parkanlage Forstbaumschule** (Koesterallee/Niemannsweg): Der Park wurde schon 1788 als Gartenanlage für das königliche Gehege angelegt. Aus dieser Zeit stammen viele große, hohe und seltene Bäume. Aufgrund seiner hügeligen Lage gestaltet es sich mit dem eigenen Grill manchmal etwas schwierig. Das ist aber kein Problem, denn hier befindet sich der schönste und größte Biergarten Kiels. Natürlich gibt's auch leckeres Grillfleisch, bereits fertig serviert. Oder Du isst in dem zugehörigen Restaurant, sitzt auf der Terrasse und genießt die waldige Umgebung.

Der besondere Tipp

Gegenüber der Oper liegt der Hiroshima-Park, in dem immer am sechsten August der Opfer der Hiroshima-Katastrophe gedacht wird. Hier sind etliche Kunstwerke zu bewundern. Eine ganz besondere Springbrunnenanlage stammt vom Künstler Jeppe Hein. Der Name der Installation, „Changing Invisibility", spricht für sich. Hinter Wasserwänden verschwinden Menschen, die Besucher sind die Zauberkünstler, die durch Bewegungen Wasser fließen und versiegen lassen. Mach mit und verschwinde aus dem Alltag!

Schnee

Schnee
Schnee

Schnee

Schnee

Schnee

Schnee

Schnee

Schnee

Schnee

Schnee

So

Frostige Zeiten

Winter!

Winter!

Winter!

kalt **brrr**

Eiskratzerei

Schnee

Schnee

nee

Eiskratzerei

kalt

Sauna

Sauna

Sauna

kalt

brrr

Schnee

kalt

brrr

nee

brrr

br

brrr

Der Winter kann im hohen Norden sehr unterschiedlich ausfallen: Bringt der eine gerade mal eine klägliche Handvoll Schnee mit sich und hinterlässt graue Matschränder auf den Bordsteinen, verwandelt der nächste ganz Kiel in eine weiße, rutschige Schnee- und Eislandschaft, die sich gefühlte sechs Monate lang hält. Auch wenn sich die kühle Jahreszeit von ihrer angenehmen Seite zeigt, irgendwann vermisst fast jeder das fehlende Sonnenlicht und sehnt sich den Frühling herbei. Erfahrungsgemäß nützt Jammern ja nix, also empfiehlt es sich, das Beste draus zu machen und die reizvollen Seiten des Kieler Winters zu entdecken.

Keine Lust auf rote Nasen? – Indoor-Winter

Schneeflöckchen, Weißröckchen, wann kommst Du geschneit? – Im Zweifelsfall eben gar nicht. Und weil Winter ohne Schnee nur mit geeigneter Indoor-Action einigermaßen erträglich ist, hat man sich in Kiel für die Monate November bis März so einiges einfallen lassen, bei dem man Spaß haben kann, ohne sich im Freien aufhalten zu müssen. Vor Langeweile sterben ist also auch in den Wintermonaten ganz bestimmt nicht nötig!

Wellness und Hallenbäder

Ordentlich in der Sauna schwitzen, im Schwimmbecken plantschen oder sich für eine Wohlfühlmassage in die geschulten Hände eines Masseurs begeben – so kommt der Kieler Winter doch gleich viel sympathischer daher.

Das **Meridian SPA** (Sophienblatt 20) gehört der ein wenig edleren Kategorie an und fordert einen vielleicht etwas tieferen, aber nicht zu übertriebenen Griff in den Geldbeutel. Während Du Dir Rücken oder Füße durchkneten lässt, in einer der noblen Saunen oder beim Fitnesstraining schwitzt, gerät die scheußliche Kälte für ein paar Stündchen in Vergessenheit. www.meridianspa.de

Ein bisschen weiter draußen im Olympiazentrum liegt die **Schwimmhalle Schilksee** (Drachenbahn 18), die auch mit einem guten Wellness-Angebot aufwartet – unter der Woche schon ab 6 Uhr morgens. So kannst Du bereits vor der Uni oder dem anstehenden Arbeitstag Deinen Kreislauf in Schwung bringen und fit in den Wintermorgen starten. Wenn Du die Zeit hast, relax` doch einfach den ganzen Tag, ziehe entspannt Deine Bahnen und ignoriere das kalte Schmuddelwetter. Alle Infos und Preise unter www.kiel.de/baeder --> Hallenbäder

Quasi direkt an Kiel grenzt die Ortschaft **Molfsee** und mit ihr das gleichnamige **Saunabad** (Stuthagen 21). Hier hat man ein großes Herz für Studenten, die die Tageskarte für gerade mal 12 Euro erwerben können. Überhaupt zeigt sich das Saunabad von seiner kundenfreundlichen Seite und lockt mit moderaten Eintrittspreisen. Du hast hier sechs Saunen, ein Schwimmbecken, einen Fitnessraum

Schnee   kalt
Eiskratzen Sauna
brrr

und einige Sonnenbänke zu Verfügung, und darüber hinaus die Möglichkeit, Dir nach Terminvereinbarung eine Massage angedeihen zu lassen. Der Garten des Saunabads ist von blickdichten Hecken umgeben und darf natürlich mitbenutzt werden. Wenn der Kieler Winter also mal so richtig mit dem Schneien loslegt, kannst Du nach dem Saunagang auf die kalte Dusche verzichten und Dich stattdessen ganz naturverbunden und ziemlich tough mit Schnee abreiben. www.saunabadmolfsee.de

Bewegung und Spaß

Das ewige In-der-Bude-Hocken geht Dir allmählich auf den Keks und Spiellust und Bewegungsdrang machen sich trotz der finsteren Jahreszeit bemerkbar? Dann könnte bei den folgenden Tipps was für Dich dabei sein:

Bowling und Kegeln

Wenn Du gerne in gemietetem Schuhwerk eine ruhige Kugel schiebst oder auch ehrgeizig einen Strike nach dem anderen anstrebst, sind die **FunFabrik Bowl** (Kaistr. 54-56) und das **Treff Bowling Kiel** (Holtenauer Str. 279) gute Adressen. Gerade am Wochenende lohnt sich in jedem Fall die telefonische Anmeldung. Schon viele wackere Sportsfreunde, die sich spontan fürs Bowling entschieden haben, mussten unverrichteter Dinge wieder nach Hause gehen. www.fun-fabrik-bowl.de www.treff-bowling-kiel.de

Wenn Du, ganz nach dem Motto „Alle neune", einen klassischen Kegelabend verbringen willst, hast Du in der **Wiker Post** (Holtenauer Str. 322) oder im **Kegelcenter im Hotel Reimers** (Dorfstr. 2 in Kiel-Elmschenhagen) die Möglichkeit dazu.
www.gaststätte-wiker-post.de www.kegelcenter-reimers.de

Billard

Lässt Du die Kugeln doch lieber über Tische als über Bahnen gleiten? In **Ricks Café** (Steekberg 6) oder in der **Billard-Galerie Kiel**
(Am Schwedendamm 9) kannst Du Deinen Freunden in schummrig-
sportlicher Billard-Atmosphäre zeigen, was Du am Queue (nicht) so
drauf hast. www.rickscafe.de   www.billard-galerie-kiel.de

Indoorsport

Dir steht auch im Winter der Sinn nach richtig viel Bewegung, aber
eben nicht an der frischen, bitterkalten Luft? Das **Fußballcenter
Pagelsdorf** (Göteborgring 83) hat mehr zu bieten, als der Name
zunächst vermuten lässt. Neben Indoor-Soccer kannst Du Dich hier
unter anderem auch an Squash und Beach-Volleyball versuchen.
Mehr Infos gibt es unter: www.fcp-kiel.de

Abwechslung pur findest Du beim **Unisport Kiel**. Hier lohnt sich das
Stöbern in dem großen Angebot sogar als Nicht-Student, denn
auch externe Sportbegeisterte sind für einen geringen Aufpreis
immer gern gesehen und werden nicht mit erhobenem Zeigefinger
des Platzes verwiesen.

Während draußen ein grau-kaltes Kiel darauf wartet, Dir die Stimmung zu vermiesen, kannst Du aus einem Riesenangebot (vom
Indoor-Klettern, Aikido und Trampolinspringen bis hin zum Gesell-
schaftstanz ist für jeden etwas dabei) auswählen, was für Dein per-
sönliches Wohlbefinden das Richtige ist. Mehr Infos findest Du
unter: www.sportzentrum.uni-kiel.de.

--> Hochschulsport

Schnee   kalt
Eiskratzen Sauna
brrr

Weihnachtspfunde abtrainieren – Fitnessstudios und mehr

Nach den Adventsschlemmereien geht der Reißverschluss an Deiner Hose nicht mehr zu, das Hemd spannt verdächtig stark über der Brust und Du hast irgendwie das dumpfe Gefühl, dass sogar die Schuhe zu klein geworden sind? Und wie jedes Jahr nimmst Du Dir vor, den Weihnachtspfunden gezielt den Kampf anzusagen? Die sportliche Motivation ist ja auch irgendwie da, aber der Trainingsbeginn lässt sich dann immer noch auf den nächsten Tag verschieben, weil ganz bestimmt was Wichtiges dazwischen kommt, oder man ohnehin gerade viiiiel zu müde ist.

Beim Kampf gegen den inneren Schweinehund hilft es da eventuell, wenn Du ein bisschen Geld investierst und Dich in einem Fitnessstudio anmeldest. Die Vorauszahlung macht Dir sicherlich Beine, zu verschenken hat man ja schließlich auch nichts. Und schon bald geht die Hose wieder ganz ohne Ächzen, Stöhnen und Baucheinziehen zu.

Im **FiZ**, dem Fitnesszentrum der Uni Kiel (Olshausenstr. 70) und im **Fitnessdiscounter Wellyou** (Feldstr. 7a) können auch Geringverdiener Maßnahmen gegen den Winterspeck ergreifen. In ersterem bekommst Du günstige Angebote ohne viel Schnickschnack drumrum. Zusätzlich kannst Du Dich in der Aerobic-Stunde richtig auspowern oder nach dem Training zur Entspannung saunieren. www.sportzentrum.uni-kiel.de --> FiZ

Neben purem Geräte-Training bietet Wellyou Dir auch die Möglichkeit, eine Trainerstunde zu buchen oder Dir einen persönlichen Trainingsplan zu erstellen. www.wellyou.eu

Solltest Du beim Fitnessen das gehobene Ambiente bevorzugen, ist **KIELS Fitness** (Grasweg 48) die richtige Adresse. Der schicke Laden hat trotzdem relativ humane Preise. Ob Rücken-Fitness oder Qi Gong, Spinning, Tai Chi oder Hot Iron – das große Angebot sollte auch für Dich was Passendes parat haben. Nach dem harten Training heißt es dann: Ab in die Sauna! Erst einmal richtig schön relaxen und die Seele baumeln lassen. Hast Du Dir dann ja auch redlich verdient. www.kiels.info

Ganz unter sich können Frauen entweder im speziell darauf ausgerichteten Bereich von **KIELS** oder bei **Lady Fitness Kiel** (Mittelstr. 1) trainieren. In den Räumen vom Lady Fitness schwitzt frau in einer geschmackvollen, modernen Einrichtung. Neben Gerätetraining bekommst Du hier auch eine gute Auswahl an Kursen wie Tanzen oder Kickboxen geboten, um Deine Winterfigur wieder auf Vordermann ... äh -frau zu bringen. www.ladyfitness.de

Paternoster fahren im Alten Rathaus

Du hängst gerade zufällig in der Nähe des **Kieler Rathauses** rum und hast nichts Wichtiges zu tun? Wie wäre es dann mit einer kleinen Runde Paternoster fahren? Falls Dir das Wort bekannt vorkommt: Richtig, das ist lateinisch für Vaterunser. Zwar ist das Paternoster ein Gebet, aber hier ist der Lift gemeint. Denn es handelt sich um eine ganz spezielle Art von Aufzug, die Dir vielleicht aus dem einen oder anderen Filmklassiker ein Begriff ist. Beim Paternoster verkehren mehrere, an zwei Ketten hängende Einzelkabinen in ständigem Umlaufbetrieb. Dieser Fahrstuhl hält nie an, die Kabinen sind ununterbrochen in Bewegung. Hier heißt es also: Aufgepasst beim Ein- und Aussteigen, Schnarchnasen leben gefährlich!

Schnee kalt
Eiskratzen Sauna
brrr

Was das jetzt mit dem Gebet zu tun hat? Das Paternoster wird mit Hilfe eines Rosenkranzes gebetet, auch hier potenziell ohne Ende. Spaß macht das Paternoster fahren allemal, ob mit Gebet oder ohne. Und gerade bei eisigen Temperaturen vor der Türe und den oftmals langen Wartezeiten im Rathaus versüßt es einem bisweilen die Zeit – zusammen mit dem schönen Glockenspiel im Turm ...

Der etwas andere Kälteschauer ...

Wenn die Tage kürzer und die Nächte länger werden, öffnet das **Grusel-Labyrinth** (Tonberg 15) seine Pforten. Hier wirst Du seit Herbst 2010 in eine gelungene Mischung aus Geisterbahn, Mit-

mach-Theater und Labyrinth gelockt, die Dir den einen oder anderen Schauer über den Rücken jagen kann. Denn da streifen äußerst lebendige Untote umher! So entfliehst Du dem realen Schrecken der winterlich grauen Stadt, um Dich auf eine angeneh- mere (?), aber vor allem wärmere Weise gruseln zu können.
www.grusellabyrinth.de

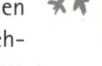

Trau Dich! Winter draußen in Kiel

Da liegt sie nun schon einmal fast direkt vor Deiner Haustür, hat Dir den Sommer enorm versüßt, und doch kannst Du jetzt im Winter wenig mit der Ostsee anfangen. Besonders Tapfere, fast möchte man sagen Verrückte, springen aber auch bei eisigen Temperaturen in die Fluten - gerade viele junge Leute eröffnen die Badesaison mit dem traditionellen Anbaden mitten im Winter (gerne am Neujahrs- tag). Im **Seebad Düsternbrook** (Hindenburgufer 93) z. B. können

Clubmitglieder (Beitrag 122 Euro pro Jahr) in der Wintersaison zum Winterbaden in die Ostsee hüpfen; für Normalsterbliche ist Zuschauen eventuell auch schon Erfrischung genug.
www.seebad-duesternbrook.com

Vereinzelt nutzen auch Surfer oder Kiter die stärkeren Winterböen, um sich auf der Ostsee auszutoben. Ansonsten ist das Meer im Winter aber eher wenig besucht. Ein ruhiges Vergnügen also. Genau richtig, um gemütlich am Strand entlang zu schlendern und frische, salzige (und vor allem eisige) Seeluft in sich aufzusaugen. Selten ist es wirklich so kalt, dass die Ostsee um Kiel zufriert. Wenn sich einmal eine Eisschicht auf dem Salzwasser bildet, ist diese sehr dünn und sollte daher nicht betreten werden.

Skifahren? ... In Kiel?

Die schöne Lage so nah am Meer bringt im Winter also plötzlich nicht mehr ganz so viel. Jetzt wünschst Du Dir hohe Berge und steile Pisten. Gibt es hier aber nicht, und damit musst Du Dich nun wohl oder übel abfinden.

Trotzdem: Manch ein Winter in Kiel ist von starkem Schneefall begleitet und damit geht nicht nur Chaos auf den Straßen einher, sondern auch die Möglichkeit, Schlitten, Skier oder Snowboard aus der hintersten Ecke Deiner Abstellkammer zu kramen. Befreie sie von Staub und Spinnenweben, pack Dich dick ein und hinein ins Getümmel! Wenn es ordentlich schneit, ist nicht nur bei Kindern das Rodeln und Skifahren im **Düsternbrooker Gehölz** am Westufer der Kieler Förde (und hier vor allem auf der Krusenkoppel) angesagt. Kleinere und größere Erhebungen (so könnte man die harmlosen

Kiel   endlich   endlich   endlich   Kiel

Hügel vielleicht vorsichtig nennen) ermöglichen hier Abfahrten, über die man in der Schweiz nur müde lächeln würde. Doch davon lässt sich der echte Kieler seinen Spaß nicht verderben.

Wer Skilanglauf liebt, findet auf den Wanderwegen der **Kieler Wildgehege** (s. „Sonntage", S. 152) genügend Platz, wenn auch nicht gerade perfekt gespurte Loipen. Für diesen Ausdauersport tauscht so mancher Jogger z.B. im **Tiergehege Tannenberg** bei tiefem Schnee Turnschuhe gegen Skibretter und passt sein Fitnessprogramm den jahreszeitlichen Bedingungen an.

Einen verschneiten Winter nutzt auch die **Kieler Skischule** und bietet spontan Kurse in oder bei Kiel an. Doch selbst wenn der Winter eher schneearm ausfällt, muss der Skifreund hier nicht auf sein Vergnügen verzichten. Von November bis April kann man mit der **Reise-Skischule** für ein Wochenende nach Oberhof in Thüringen oder für sieben bis neun Tage nach Skandinavien fahren und dort die wintersportlichen Angebote genießen. www.skischule-kiel.de

Kufen schleifen und ab aufs Eis ...

Traditionell schlägt in den Wintermonaten das **Stadtwerke-Eisfestival** seine Zelte mitten in Kiel auf. Hier kannst Du auf dem Rathausplatz neben ein paar Buden vor allem die Eislaufbahn bewundern und natürlich auch selbst ausprobieren. Also rein in die Schlittschuhe! Erfahrene können ihre Pirouetten drehen, Anfänger die ersten zaghaften Schritte auf dem Eis wagen. Wenn Du nicht herumrutschen willst, kannst Du stattdessen beim Eisstockschießen Dein Können unter Beweis stellen. Anschließend solltest Du Triumph (oder auch Niederlage) mit einem leckeren Glühwein oder Punsch begießen und so wieder ein bisschen Wärme in die durchgefrorenen Glieder bringen.

Etwas Warmes braucht der Mensch ...

Zur Belohnung für winterliche Aktivitäten bringt eine echt norddeutsche Spezialität neue Kraft in Deine müden Knochen und Mus-
kelfasern: der Grünkohl. Dieser wird traditionell erst geerntet, wenn
es richtig schön frostig und bitterkalt ist, weil ihn das besonders
süß und bekömmlich machen soll. Serviert wird die Kohlspeise, die
zugegebenermaßen nicht jeder mag, mit Kasseler, grober Bratwurst
oder spezieller Kohlwurst. Viele Restaurants mit regionalem Bezug
bieten Dir das grüne Gemüse mit Beilage über die Wintermonate
an. Dazu gehören die **Kieler Brauerei** (Alter Markt 9) oder auch **Das
Wirtshaus** (Holstenstr. 88).
www.kieler-brauerei.de www.wirtshaus-kiel.de   Mehr Hunger? s. „Essen
unterwegs", S. 74

Naschereien und Kitsch zum Herz erwärmen:
der Weihnachtsmarkt

Von Ende November bis zum Weihnachtsfest erstrahlt die Kieler
Innenstadt unter den beschaulichen Lichtern des traditionellen
Weihnachtsmarktes. Wer einfach nur seine Besorgungen machen
will, wird's schwer haben, sich durch die Menschenmengen zu
kämpfen. Wer die vorweihnachtliche Stimmung aber zu schätzen
weiß, findet viele interessante Stände zum Rumstöbern und
Geschenke kaufen. Außerdem winken ein vielfältiges kulinarisches
Angebot und vor allem die Heißgetränke mit und ohne Schuss. Ver-
lockende Düfte von gebrannten Mandeln, Waffeln, Glühwein und
anderen Adventsnaschereien erhöhen die Bereitschaft, auch mal
etwas überhöhte Preise zu bezahlen – aber dafür stimmt (besonders
bei Schnee) die Atmosphäre. In keiner Zeit des Jahres übrigens wird
in Kiel nach Feierabend mehr gezecht als zum Advent – der eine
oder andere startet damit sogar schon während der Mittagspause.
www.kiel.de --> Touristik --> Märkte --> Weihnachtsmarkt

Kiel   endlich endlich   Kiel   endlich

Musik Musik

Mus

abhorsten

DJan

abhorsten

Feiern

Feiern

Feiern

Musik

Club Club

Club

Musik

Musik

DJane

Flirt-Faktor

Musik

Musik

Flirt-Faktor

Flirt-Faktor

Musik

Flirt-Faktor Musik

Club

Clubs

Wenn die Sonne wieder einmal als glutroter Feuerball über der Kieler Förde untergangen ist, entwickeln die „Kieler Sprotten" eine ganz eigene Dynamik: Denn wie Motten in das Licht, zieht es sie auf die Straßen, oder vielmehr zu EINER Straße: der Bergstraße. Wer in Kiel feiern gehen möchte, kommt um die legendäre Meile nicht herum. Hier trifft sich ganz Kiel – nicht zuletzt dank der Tatsache, dass die meisten Kieler Clubs von da aus gut zu Fuß erreichbar sind.

Tucholsky–Center (Bergstr. 17): Um waschechter Kieler zu werden, MUSS man auf jeden Fall mal im Kellerclub Tucholsky versacken und bleiben bis das Licht angeht. Unter einem Dach vereint das Tucholsky-Center außerdem den Rockpalast T2, den Billardclub Voltaire und das Böll. Das schrammelige Ambiente bleibt wohl für immer bestehen, ebenso wie die Playlist mit allem Tanzbaren seit den 80ern. Unter der Woche freier Eintritt, dienstags immer Tequila-Abend, donnerstags Students-Club. Am Wochenende kommst Du für 5 Euro rein. www.bergstrasse-kiel.de

ease club (Bergstr. 17): Wenn Du Lust auf elektronische Tanzmusik hast und eine schickere Atmosphäre bevorzugst, dann bist Du im ease genau richtig. High Heels für Frauen und Hemden für Männer sind Pflicht, sonst wirst Du hier erst gar nicht reingelassen. Dafür gibt's beleuchteten Fußboden, viele Shots und hochglanzpoliertes Äußeres mit wechselnden DJs. Eintritt 5 Euro. www.ease-club.de

Luna Club (Bergstr. 17a): Im Vergleich zum ease geht es im Luna Club etwas gediegener zu. Und auch der legendäre King Kong Club macht mit seiner Indiemusik-Tour Halt im Luna. Oldschool und Hip-Hop werden ebenfalls groß geschrieben. www.lunaclub.com

Danach vielleicht noch ein, zwei Cocktails im **SubZero** (Bergstr. 19) – übrigens auch zum Mitnehmen – oder ein großes

Guinness im **Pogue Mahone** (Bergstr. 15) und Du kannst die Bergstraße hinter Dir lassen.
www.subzero-kiel.de www.poguemahone.de

Aber keine Sorge, in der Parallelstraße der „Berger", der Legienstraße, geht es gleich weiter. Denn dort warten das tamen-T und die
Schaubude auf dich:

tamen-T (Legienstr. 40): Seit über
30 Jahren gehört das tamen-T
mittlerweile zum Kieler Nachtleben und wurde erst 2010 nach
einigen Jahren Pause groß wiedereröffnet, um eine feste Größe
für die Kieler Partymeute zu
werden. Hier wird nicht zum
Rausschmiss das Licht ange-
macht, sondern gefeiert bis die
Sonne aufgeht. Zweimal im

Monat ist Salsa-Nacht und während des Semesters ist der Students-Club eine feste Institution für Kieler Studenten. Eintritt
kostet um die 5 Euro. www.tamen-t.net

Schaubude (Legienstr. 40): Wen es aber nach einer kleinen, feinen
Konzertbühne gelüstet, der ist in der Schaubude genau richtig: Hier
wird gerockt, was das Zeug hält. Gerade knapp dem Abriss entkom-
men und nun frisch renoviert, lässt der Miniclub die Herzen der
alternativen Szene Kiels höher schlagen. Von Hardcore, Punk bis zu
Metal bietet die kleine Bühne fast wöchentlich Konzerte an. Aber
auch mit Johnny-Cash-Tribute-Abenden oder Bad-Taste-Partys ist
die Schaubude ein fester Anlaufpunkt für alle, die Spaß abseits des
Mainstreams haben wollen. Und falls der Schuppen voll sein sollte,
wird einfach auf der Straße mitgefeiert. Jeden Donnerstag kann
beim „Break Ranks" das Tanzbein geschwungen werden. Eintritt ist
dann nach 0.00 Uhr frei. www.kieler-schaubude.de

Kiel endlich endlich endlich Kiel

Pumpe e.V. (Haßstr. 22): Einen Steinwurf von Bergstraße und Legienstraße, auf der anderen Seite des Kleinen Kiels, liegt die Pumpe. Das Veranstaltungszentrum bietet in zwei Sälen etwas für den spezielleren Geschmack: Gothic, Bad Taste oder Electro z.B. lassen das Herz des Partygängers höher schlagen. Und für Livemusik wird dort auch gesorgt (s. „Kultur und so", S. 190).
www.diepumpe.de

Weltruf (Lange Reihe 21-23): Falls Dir die Musik in der Pumpe doch etwas zu speziell sein sollte, bist Du nach nur fünf Minuten Fußweg im Weltruf. Das ehemalige King George überzeugt mit maritimer, vom Vorgänger übernommener Innenausstattung, inklusive Schiffsrumpf und Rettungsbooten, in denen man Platz nehmen kann, wenn die kleine Tanzfläche mal wieder überfüllt ist. Denn davon kannst Du ausgehen: Hier wird jeder Quadratzentimeter zum Tanzen genutzt. Aber lass Dich von den langen Schlangen vor der Tür nicht abschrecken, der Besuch lohnt sich. Vor allem donnerstags zu „all you can dance" oder samstags muss man mit Wartezeiten rechnen. Eintritt 3 bis 5 Euro. www.weltruf-kiel.de

Mausefalle (Kaistr. 54): Einfach zu finden, direkt am Hauptbahnhof im CAP, liegt unterm Cinemaxx die Mausefalle. Von ihrem harmlos wirkenden Äußeren solltest Du Dich aber nicht täuschen lassen. Unter zünftigen Holzbalken und Lichterkettenschimmer wird hier gefeiert bis in die Morgenstunden. Vor allem jeden Mittwoch unter dem Motto „Crazy & Sexy" und freitags bei der Ladies Night geht es zu Schlager-, Oldies- und Partymusik feuchtfröhlich zur Sache.
www.mausefalle-kiel.de

Hach, ist er nicht wunderschön, der Blick von der Kieler Sternwarte? Guck doch mal vorbei:
www.fh-kiel.de --> Campus & Kultur --> Sternwarte

Max (Eichhofstr. 1): Im Max geben vor allem die Charts die Musik vor, aber auch Motto-Abende mit Schlagern oder Black Music finden im zweiten Raum des Max statt. Neben „Schools out" und Ü30-Partys feiern hier auch viele Uni-Fachschaften (z.B. Zahnmediziner und Juristen) ihren Semesterstart. Aber auch Konzerte könnt ihr im Max erleben: Selig, die Subways und auch Element of Crime haben sich hier schon die Ehre gegeben (s. auch „Kultur und so", S. 190) – für jeden Geschmack ist also was dabei. Eintritt 6 Euro, ermäßigt 3 Euro. www.max-kiel.de

Traum GmbH (Grasweg 19): Gleich um die Ecke ist dann auch schon die Traum GmbH mit ihrem Orange Club. Legendär ist die einmal monatlich stattfindende „Gays and Friends Party", bei der ausgelassen gefeiert werden darf. An jedem ersten Freitag im Monat trifft man bei „Altern Styles" auf alte Bekannte aus der Indierockszene – an diesen Abenden Musikwünsche wie Lady Gaga oder Ähnliches zu äußern, empfiehlt sich nicht. Aber auch Reggae steht ganz oben auf der Veranstaltungsliste. Und falls es mal nicht ganz nach Deinem Geschmack sein sollte, gibt's ja auch noch Alternativen. www.traumgmbh.de

Atrium (Dieselstr. 3, Schwentinental – Ortsteil Raisdorf): Vor den Toren Kiels im Gewerbegebiet Raisdorf wartet das aus Funk- und Fernsehen bekannte Atrium mit seiner Großraumdisco auf. Auf mehreren Floors kann man hier feiern, an einer der in Kiel einzigartigen Schaumpartys teilnehmen und sich dabei von den Gogos ordentlich einheizen lassen – wenn man denn auf sowas steht. Ein bisschen aufpassen muss man allerdings, was das Outfit angeht: Legere Kleidung ist hier nicht gerne gesehen, Turnschuhe also besser zu Hause lassen. Geburtstagskinder haben im Atrium freien Eintritt. Und das Beste ist: Ein kostenloser Busshuttle bringt euch vom Hauptbahnhof bis direkt vor die Tür – und auch wieder zurück. www.atrium-kiel.de

Kiel endlich endlich Kiel
endlich

Blauer Engel (Kaistr. 47): Wer unter „tanzen" nicht bloß herumzappeln versteht, sondern an Tango, Rumba, Discofox und Co. denkt, der sollte mal im Blauen Engel vorbeischauen. Hier wird der Paartanz zelebriert – und wer bislang keine Ahnung davon hatte, kann beim Tango- oder Swingkurs die ersten Schritte machen.
www.blauerengel-kiel.de

Das etwas andere Feiern

Während der Kieler Woche verwandelt sich die gesamte Landeshauptstadt in eine einzige, riesige Partymeile. Aber auch in den restlichen 51 Wochen im Jahr kann man es ganz schön krachen lassen.

Uni-Partys

Hier kommst Du meist nur mit Studentenausweis rein und kannst schon mal Deine späteren Zahnärzte oder Rechtsanwälte antreffen. Aber auch Philosophen und Historiker sind keine Partymuffel und Skandinavisten in der Regel kaum zu stoppen – vor allem nicht an Mittsommer. Die Fachschaften legen jeweils fest, wo gefeiert wird, ob in der Mensa, im Hörsaal oder in einem der städtischen Clubs. Das erfährst Du durch Plakate überall an der Uni oder auf den Homepages der Fachschaften oder des AStA.

Zu den ganz wichtigen Ereignissen zählen natürlich die beiden **Sportlerpaadys**, von denen eine im Winter und eine im Sommer stattfindet. In Zusammenarbeit mit dem Radiosender N-Joy gibt's dann eine Riesenfeier, die im Sommer als Open-Air-Veranstaltung auf dem Sportforum und im Winter mit vielen Winterspielaktionen in der Mensa 2 abgeht. Wer da nicht hingeht, ist einfach selbst schuld. www.sportlerpaady.de

Auf der FH-Party **BWL'er sucht Sprotte** bleibt keiner lange allein. Dieses Flirtevent findet zudem auch noch in einer von Kiels ange- sagtesten Diskotheken statt, dem Max. Ausreden zählen also nicht. Und auch die Mediziner-, Jura-, Theologen-, Philosophie-, Chemi- ker-, Wirtschaftspartys und viele weitere laden mindestens zweimal im Jahr zum Feiern, Flirten, Trinken und Tanzen ein. www.fawikiel.de

Ein besonderes Highlight des Jahres ist das **Campus Sommer Open Air**, organisiert vom Kieler AStA. Hier wird die ganze Nacht auf dem Parkdeck des IPN in der Olshausenstraße 62 gerockt, gefeiert und getanzt. Live-Musik aller Stilrichtungen gibt's zu hören – die Gele- genheit, Dich einfach mal gehen zu lassen und die Nacht durchzu- machen. Diese Feier ist ein absolutes Muss für alle Kieler Studen- ten; selbst überzeugte Stubenhocker sieht man hier zu ausgelas- senen Partyanimals mutieren. Termine und Infos: www.asta.uni-kiel.de

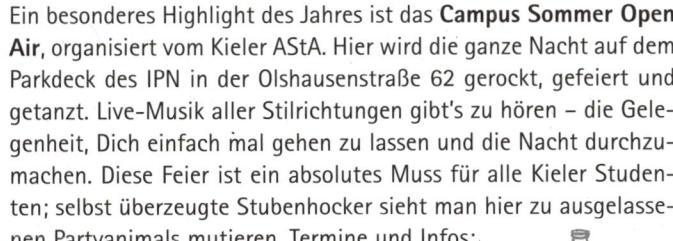

--> Aktuelles --> kultur & Veranstaltungen

Andere Partys

Wenn die Nächte wieder länger werden, und am letzten Sonntag im Oktober die Zeitumstellung ansteht, verwandelt sich das Einkaufs- zentrum **Sophienhof** in ein einziges großes Partygelände. Livemu- sik, bekannte Bands, Feiern bis in die Morgenstunden – die zusätz- liche Stunde wird hier gut genutzt. Abendgarderobe ist bei dieser Veranstaltung Pflicht. www.sophienhof.de

In unregelmäßigen Abständen verwandelt die Crew der **Pink Pira- tes** große Hallen in Partytempel – z.B. den Ostseekai in Kiel. Zu Charts-Musik und Electro wird schick pink gefeiert bis in den frü- hen Morgen – wer Kondition hat, ist da auf jeden Fall im Vorteil! www.pinkpirates.net

Kiel endlich endlich Kiel endlich

An ständig wechselnden Veranstaltungsorten bietet der **Blue Club** Partys der gehobeneren Klasse für ausgewählte Gäste. Nicht mehr als 1000 Leute dürfen z.B. in der Kunsthalle, dem Lessingbad oder im Kieler Jacht-Club feiern und müssen im Besitz einer Membership-Card sein, die ihnen aber immerhin die Mitnahme von drei Freunden erlaubt. Vielleicht kennst Du ja jemanden, der jemanden kennt? www.blue-club.de

Meisterfeier auf dem Rathausplatz: Dem THW-Kiel gehören die Herzen der Kieler Bevölkerung. Und so steht die handballbegeisterte Stadt immer wieder Kopf, wenn der THW Deutscher Meister wird oder ihm gar das Triple (DHB-Pokal, DM und Champions-League-Sieg) gelingt, wie gerade 2011/2012.

Wenn das passiert, wird der komplette Rathausplatz in Anspruch genommen und gemeinsam mit dem Oberbürgermeister und dem ganzen Handballteam gefeiert und gesungen – zu diesem Anlass sollte Dir der schwedische Klassiker „Sommartider" leicht von den Lippen gehen.

Sommartider

Sommartider
Jag känner det är nå'nting på gång
Sommartider
Sommartider
Kom och stanna ute natten lång
Sommartider
Snurra runt i en stad som glöder
Som viskar: Bli min inatt ...
Sommartider

Hej Hej Sommartider
Ge mej din hunger, ge mej din hand
Ge mej allt du vill och allt du kan
Sommartider
Hej Hej Sommartider
Läppar mot läppar som tar mej iland

...

© Gyllene Tider

Für den nächtlichen Heißhunger

Da Feiern auch irgendwann hungrig macht, muss an dieser Stelle natürlich auch erwähnt werden, wo man sich während einer langen Nacht „auf der Piste" stärken kann.

Wen es nach reichlich Tanzen oder Alkoholgenuss nach etwas Deftigem gelüstet, findet bei **Hunger&Durst** und **Hillstreet** (beide Bergstr. 17) eine große Auswahl an Burgern – und in der **Burgerei** (Wilhelminenstr. 11) gibt's das Ganze wahlweise auch vegetarisch mit Schafskäse und Tofu- bzw. Seitanbratling.

Aber natürlich muss der späte Imbiss nicht unbedingt ein Burger sein: Neben dem Cocktailladen **Bond** lockt die dazugehörige Pizzeria, die Kiels Nachtschwärmer „all night long" mit leckeren Takeaway-Pizzen versorgt. www.bond-kiel.de

Nicht weit von der Bergstraße entfernt im zentral gelegenen Kieler Rotlichtviertel liegt auch der legendäre **Arkadas-Imbiss** in der Flämischen Straße 17. Hier bekommst Du auch zu später Stunde noch einen saftig-frischen Döner, Dürüm oder Lahmacun.

Danach kannst Du in Seelenruhe um die Ecke in die **Kaskade** (Wall 48) taumeln. Die einzige 24-Stunden-Bar Kiels ist meist die Endstation für die ganz Ausdauernden.

Neben dem Max (s. „Clubs", S. 139) lockt die **Stückwerk Pizzakultur** (Westring 399) mit handgemachter Pizza die Tanzwütigen bis 23.00 Uhr zu einer frühen Essenspause und eine der größten Burgerketten hat schräg gegenüber sogar die ganze Nacht geöffnet – auch ein beliebter Anlaufpunkt auf dem Heimweg. www.stueckwerk.de

Wenn Du am Samstag gleich bis zum Katerfrühstück wachbleibst, kannst Du auf dem **Wochenmarkt** auf dem „Exer" (Exerzierplatz) ab 8.00 Uhr in ein saftiges Fischbrötchen beißen oder ein paar Kieler Sprotten testen. Das kann manchmal die Rettung sein.

Gerne machen die nachtaktiven Kunden auch im legendären **Dönerdreieck** (Wörthstr./Metzstr.) Station, wo **Dostlar** und **Garip's** dafür sorgen, dass keiner hungrig ins Bett muss.
www.dostlar-kiel.de

Der Weg nach Hause

Nach einer langen Nacht auf der Tanzfläche oder an der Bar ist es selten eine gute Idee, das Auto zu nehmen – sofern man überhaupt eines hat. Sicherer, umweltfreundlicher und günstiger geht's mit dem Öffentlichen Nachtverkehr nach Hause. Je nachdem, wo Du Deine Zelte aufgeschlagen hast, kannst Du natürlich auch zu Fuß gehen oder mit dem Fahrrad fahren. Nur letzteres ist unter Alkoholeinfluss wieder recht gefährlich – und nebenbei auch strafbar.

Die Kieler **Nachtbuslinien** 701 bis 706 bringen Dich sicher nach Hause. Und auch in etwas benebeltem Zustand kann man sich die Abfahrtszeiten sehr gut merken: Bis auf kleine Ausnahmen geht's immer fünf Minuten nach der vollen Stunde ab Hauptbahnhof los, also um 1.05 Uhr, um 2.05 Uhr, um 3.05 Uhr und mit der Linie 703 sogar nochmal um 4.05 Uhr.

Falls Dir beim Vorglühen zu Hause noch etwas fehlt: **Der kieler Jung** hat alles, was Du brauchst. Ob in der WG, im Schrevenpark oder am Strand – am Wochenende kannst Du bis 4.00 Uhr telefonisch bestellen und sogar mit karte bezahlen!
www.derkielerjung.de

Es gelten die ganz normalen Ticketpreise und natürlich auch das Semesterticket, falls Du eines besitzt. Wird es noch später, dann lohnt sich der Blick in den normalen Busfahrplan, denn die fleißigen Kieler BusfahrerInnen stehen unglaublich früh auf! Die genauen Routen und Fahrtzeiten samt Nacht-Liniennetzplan findest Du unter: www.kvg-kiel.de   --> Fahrplan --> Nachtbusse

Kiel ist zwar nicht gerade ein gefährliches Pflaster, aber spätnachts ist eine Bushaltestelle oder der Bahnhof dann doch nicht der allerangenehmste Aufenthaltsort. Zum Glück gibt es da auch eine sichere Alternative – solange Du weiblich bist:

Zusammen mit der Stadt Kiel bietet Vineta täglich **Frauennachtfahrten** im bequemen Taxi zu ermäßigten Preisen an – und das halbstündlich von 21.00 bis 4.00 Uhr. Je nachdem, wie viele Frauen noch mitfahren, kostet Dich die Fahrt zwischen 2,10 Euro und 9 Euro (bis 10 km). Mehr Infos unter: www.vineta.net/taxi/frauen.php

Ganz normale Taxis sind in Kiel natürlich auch unterwegs. Wenn Du es also bequem magst, oder aus gewissen Gründen lieber diskret nach Hause gebracht werden möchtest, dann ruf doch mal die **Taxi Zentrale** unter 0431/680101 an.
www.taxikiel.de

Nach durchzechter Nacht Frühstück ans Bett oder gleich brunchen gehen? s. „Kulinarisches Erwachen", S. 148

Kiel   endlich   endlich   endlich   Kiel

Prost! Prost!

Kirche

Kirche

Kirche

au

geschlossen

au

brunchen

Kühlschrank leer

Kühlschrank lee

brunchen

Sonntage
Sonntage
Sonntage

Kühlschrank leer

Kirche

brunchen

geschlossen

Kühlschrank leer   Kühlschrank leer

geschlossen

Kühlschrank leer

Kirche

Kühlschrank leer

Selten fängt ein Tag so schön an wie der Sonntag. Ganz ohne nerv-tötendes, an den täglichen Arbeitsfleiß appellierendes Weckerklin-geln blinzelst Du dem frühen Morgen verschlafen zu, ehe Du Dich für ein weiteres Nickerchen auf die andere Seite drehst. Eben rich-tig schön faul und von den unangenehmen Alltagspflichten befreit.

Kulinarisches Erwachen

Doch auch Sonntage sind vor Hungergefühlen und knurrenden Mägen nicht gefeit. Gut nur, dass die Kieler Gastronomie sich da-rauf eingestellt hat und mit leckeren Brunchangeboten auf Dich und Deinen Appetit wartet.

Von 10.00 bis 15.00 Uhr kannst Du Dir für 8,50 Euro im **Oblomow** in der Hansastraße 82 etwas Gutes tun. Hier solltest Du Dich am besten um eine vorherige Reservierung unter der 0431/801467 kümmern, um sicher zu gehen, dass Du noch einen der sonntags sehr begehrten Plätze bekommst – denn viele Studenten zieht es ans reichhaltige Brunchbuffet. www.oblomow-kiel.de

Ab 11.00 Uhr öffnet die **XXL-Fabrik** in der Werftstraße 5-7 in Kiel Ellerbek ihre Pforten für hungrige Gäste und lädt jeweils am letzten Sonntag im Monat für 13,90 Euro zum Brunch. Nürnberger Würst-chen, hausgemachte Salate oder Müsli verhelfen Dir zu einem gut gesättigten Start in den Tag. Mehr Infos und Reservierungsmöglich-keiten bietet die Website. www.fabrik-kiel.de

Über dem Ersten Kieler Ruder-Club im Düsternbrooker Weg 16 liegt das Café und Restaurant **Schöne Aussichten**. Der Name des netten Ladens kommt nicht von ungefähr: Von der gemütlichen Sonnen-terrasse aus hast Du bei gutem Wetter einen tollen Blick über die Kieler Förde. Sonntags hat man zwischen 10.30 und 14.00 Uhr die Möglichkeit, sich aus einer großen Auswahl für 16,60 Euro seine bevorzugten Speisen zum Brunch auszusuchen. Empfangen wirst

Du auch gleich mit einem prickelnden Glas Sekt und dann kannst
Du Dich nach Herzenslust dem Genuss von Fisch- und Fleischge-
richten, Backwerk und sogar Speiseeis vom Buffet hingeben.
www.schoene-aussichten-kiel.de

Lust auf Seegang und Live-Jazz beim späten Frühstück? Die Reede-
rei Adler-Schiffe veranstaltet an mehreren Sonntagen im Jahr eine
jazzige Brunchfahrt auf dem Raddampfer Freya. Abfahrtsort ist der
Bahnhofskai in Kiel. Für die Tour inklusive Verpflegung musst Du
drei Stunden Zeit von 10.00 bis 13.00 Uhr einplanen und außerdem um die 35 Euro investieren. Lohnt sich aber auch. Dieses Erlebnis buchst Du am besten frühzeitig unter www.adler-schiffe.de.

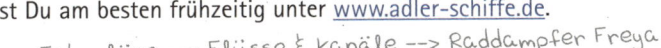
--> Fahrpläne --> Flüsse & Kanäle --> Raddampfer Freya

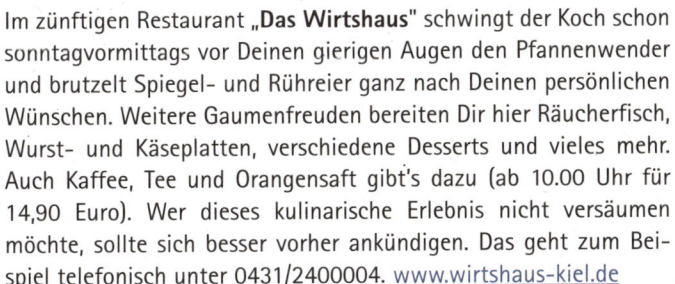

Im zünftigen Restaurant „Das Wirtshaus" schwingt der Koch schon
sonntagvormittags vor Deinen gierigen Augen den Pfannenwender
und brutzelt Spiegel- und Rühreier ganz nach Deinen persönlichen
Wünschen. Weitere Gaumenfreuden bereiten Dir hier Räucherfisch,
Wurst- und Käseplatten, verschiedene Desserts und vieles mehr.
Auch Kaffee, Tee und Orangensaft gibt's dazu (ab 10.00 Uhr für
14,90 Euro). Wer dieses kulinarische Erlebnis nicht versäumen
möchte, sollte sich besser vorher ankündigen. Das geht zum Beispiel telefonisch unter 0431/2400004. www.wirtshaus-kiel.de

Wenn Du aber auch sonntags schon richtig früh aus den Federn
kommst und voller Elan in einen aktiven Tag starten möchtest,
musst Du nicht erst auf die Brunchzeit warten, auch der frühe
Vogel muss sich in Kiel nicht mit einem Wurm zufrieden geben.

Im Seaside 61 kannst Du direkt an der Kiellinie mit Blick auf die
Förde aus mehreren köstlichen Frühstücksvariationen auswählen.
Ob ein schnelles und gesundes Jogger-Frühstück aus Obstsalat und
Joghurt, ein skandinavisches Frühstück mit geräuchertem Lachs
oder ein Seaside-Frühstück für zwei (falls Du mit Begleitung

Kiel endlich endlich

endlich

schlemmen gehen möchtest) – hier ist von 10.00 bis 11.30 Uhr für jeden Geschmack was dabei – toller Meerblick inklusive. www.seaside61-kiel.de

 Ein weiteres Highlight (nicht nur in kulinarischer Hinsicht) ist das **Café Taktlos**, das seinen Gästen mit dem berühmt-berüchtigten „Ankreuz-Frühstück" aufwartet. Eiervariationen und frischer Obstquark ziehen Studenten aus allen Himmelsrichtungen in die Hansastraße 26 und sorgen ab 9.00 Uhr für einen gutgelaunten Sonntagsbeginn. www.taktlos-kiel.de

 Echte Cineasten kommen in der Holtenauer Straße 162-170 voll auf ihre Kosten. Hier bietet das **metro-Kino** jeden Sonntag um 9.30 Uhr und um 11.30 Uhr ein so genanntes Frühstückskino an (in der Sommersaison immer nur ein Termin). Für 15 Euro kannst Du Dir zunächst am Buffet den Bauch vollschlagen und danach satt und zufrieden in eine der drei angebotenen Filmvorstellungen gehen. Eine Voranmeldung unter 0431/2207890 ist ratsam, wenn Du Dir einen Platz sichern willst. www.metrokino-kiel.de

Dich kriegen am Sonntagvormittag keine zehn Pferde aus dem Bett? Dann empfiehlt sich der **Frühstückslieferservice der Kooperativa**. Ohne Dich aus dem Schlafanzug pellen zu müssen, kannst Du die Frühstücksplatte mit Brötchen, diversen Auflagen und Extras direkt an der Wohnungstür entgegennehmen. Für zwei Personen kostet der faule Start in den Sonntag zwischen 25 und 30 Euro. Dafür beschert Dir aber die große Auswahl an Leckereien genau die Extraportion Luxus, die das Sonntagsfrühstück zum Wochenenderlebnis werden lässt. Nacktschläfer sollten sich vielleicht was überwerfen, bevor sie an die Tür gehen ... www.kooperativa.net

Frühstückslieferservice!!!

Mehr als nur das leibliche Wohl

Wer den Sonntag besinnlich angehen möchte, hat in Kiel eine große Auswahl an christlichen Kirchen, die zum Gottesdienst einladen.
Aber auch außerhalb des Gottesdiensts sind beispielsweise die
katholische Kirche **Sankt Heinrich** in der Feldstraße 172 und die
evangelisch-lutherische **Ansgarkirche** in der Holtenauer Straße 89
besuchenswert. Um die **Nikolaikirche** am Alten Markt, die eigentlich älteste Kirche Kiels, die aber nach dem Zweiten Weltkrieg in
modernem Stil neu aufgebaut wurde, rankt sich übrigens eine
schaurige Legende ... (s. „Mythen", S. 207)

Vielleicht findest Du ja auch den
Dialog der unterschiedlichen Reli-
gionen besonders spannend? Der
interreligiöse Arbeitskreis in Kiel
veranstaltet an einigen Sonntagen im Jahr einen gemeinsamen
Gottesdienst für Juden, Muslime,
Christen, Hindus, Bahá'í und
Buddhisten. Die genauen Termine findest Du unter:
www.interrel-kiel.de

Om! – Der kosmische Urlaut ist Dir angenehm vertraut? Die offene
Yogastunde im **Shanta Sarana** in der Stiftstraße 2 und das „Sonn-
tagssitzen" des **Zenkreises Kiel** im Grasweg 30 bieten Dir einen
meditativen Start in den Tag und lassen Dich neue Kraft tanken.
www.shanta-sarana.de   www.zenkreiskiel.de

Kiel
endlich
endlich
endlich
Kiel

Darf's ein bisschen frische Luft sein?
– Der obligatorische Sonntagsspaziergang

Gut gestärkt und ausgeruht spaziert es sich am Sonntag einfach am besten. In Kiel finden sich ein paar schöne Ecken, die sich besonders dafür eignen, den Alltagstrott hinter sich zu lassen und die Lunge mit frischer Luft zu füllen. Wer das Meer am Sonntag nicht missen möchte, kann an der Kiellinie beziehungsweise am Hindenburgufer (siehe Kapitel „Besuch", S. 160) oder an den Kieler Stränden (siehe „Sommer", S. 106) seinem sonntäglichen Bewegungsdrang nachgehen.

Doch in Kiel lockt nicht nur das Blau des Meeres, sondern auch das Grün der Parks, Gärten und Waldflächen. Gönne Deinem gestressten Stadt-Ich einfach mal etwas Ruhe und erfreue Dich an der Natur.

Vielleicht versuchst Du Dein Glück in einem der Kieler Stadtparks. Besonders beliebt beim Jungvolk sind der **Schrevenpark** im Ortsteil Schreventeich und die **Forstbaumschule** in Düsternbrook. Wer unterwegs ein Päuschen einlegen möchte, kann es sich auf einer der ausgedehnten Grünflächen gemütlich machen und ganz ohne Zeitdruck den lieben Gott einen guten Mann sein lassen.

Auch ohne Eintrittspreis und mit einer ordentlichen Portion Grün präsentieren sich die größeren Kieler **Wildgehege Tannenberg, Hammer, Suchsdorf und Hasseldieksdamm**, die zu einem Spaziergang zwischen Bäumen und wildem Getier einladen. Wildschweine,

Damwild, Mufflons und Co. gehören zu den Stammbewohnern und lassen sich bereitwillig (was bliebe ihnen auch anderes übrig) von Dir bestaunen. Das Füttern Deiner neuen vierbeinigen Bekannten ist allerdings in den meisten Fällen verboten. Hartes Brot und schrumpelige Äpfel musst Du also auch weiterhin in der Biotonne entsorgen. Alle Infos zu den Tiergehegen findest Du auf der Webseite der Stadt Kiel: www.kiel.de

--> Leben in Kiel --> Umwelt --> Tiere --> Tiergehege

Schlägt Dein Herz doch mehr für Schnäppchenjagd und Shopping? Von April bis Oktober veranstaltet Kiel ein- bis zweimal pro Monat am Sonntag einen städtischen Flohmarkt. Standorte sind die Innenstadt, das Gebiet An der Hörn und der Stadtteil Gaarden. Du kannst stundenlang schlendern, drängeln, vergleichen, um gute Preise feilschen und kriegst ganz nebenbei auch noch ein bisschen frische Luft ab. www.kiel.de

--> Touristik --> Märkte --> Flohmärkte

Kühlschrank leer?

Apropos Einkauf: Hat Dich der Sonntag wieder einmal völlig überrascht und Dein Kühlschrankinhalt besteht nur aus einer halbleeren Ketchupflasche und einem Tetrapack abgelaufener Milch? Zum Glück hat Kiel ein Herz für Leute wie Dich. Neben den eher dürftigen, dafür aber preislich hoch angesetzten Angeboten diverser Tankstellen findest Du im Sky-Markt (Langenfelde 126 a, auf dem Weg Richtung Olympiazentrum) jeden Sonntag von 11.00 bis 19.00 Uhr alles, was Du brauchst, zu ganz normalen Supermarktpreisen.

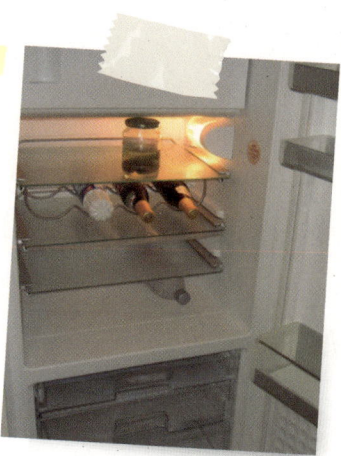

Kiel endlich endlich

endlich Kiel

Kirche · flanieren · brunchen · Ausflüge · geschlossen

Auch der **Ihr Platz** im Bahnhofsgebäude am Sophienblatt 25 ist sonntags von 8.00 bis 23.00 Uhr für Dich und Deinen Notfalleinkauf geöffnet. Mit viel Glück fällt Dein Kühlschrankdefizit auf einen der unregelmäßig stattfindenden, verkaufsoffenen Sonntage in Kiel. Diese werden meist als Aushang in den Geschäften selbst oder in den Lokalzeitungen angekündigt. Außerdem findest Du die Daten und Infos dazu unter: www.kiel-sailing-city.de

--> Kiel entdecken --> Shopping --> Verkaufsoffene Sonntage

Stärkung gefällig? — Kaffee und Kuchen

Nach so viel Sonntags-Action hast Du Dir eine Pause redlich verdient. Und wo kann man die besser verbringen als in einem gemütlichen Café? Duftende Kaffeespezialitäten wecken neue Lebensgeister und kalorienreicher Kuchen sorgt für das Gegenteil – so muss eine richtige Kaffeepause am Sonntagnachmittag sein. Die besten Orte dafür haben wir schon mal für Dich getestet:

TragBar (Holtenauer Str. 174): Sie zeichnet sich durch eine moderne und entspannte Einrichtung, Kaffee- und Teespezialitäten, kalte Trendgetränke und internationales Naschwerk aus. Tel. 0431/8006673, www.tragbar-kiel.de

Café LUNA (Schönberger Str. 6): Hier sind vor allem die superleckeren, selbstgemachten Torten und Waffeln verlockend, die Du in gemütlicher Atmosphäre drinnen und draußen genießen kannst. Tel. 0431/21070665, www.lunacafe.de

Kooperativa (Fraunhoferstr. 13): Im Wissenschaftszentrum an der Uni Kiel findest Du die Kooperativa mit ihrer Auswahl an aromatischen Kaffees und Tees und einem umfangreichen Angebot an Kuchen und Gebäck. Tel. 0431/8888846, www.kooperativa.net

Peaberries (Holtenauer Str. 46): Nicht gerade groß, aber unendlich gemütlich. Lehn Dich zurück und genieße den frisch gerösteten Kaffee und die süßen Kleinigkeiten. Tel. 0431/5601830

Campus Suite: Langes Suchen ist nix für Dich? Gleich mehrere Filialen bieten in Kiel ein nettes Rumhäng-Flair, gute Heißgetränke und sehr süße Kalorienbomben – ideal für den Sonntagnachmittag. Eine beliebte Adresse ist der Westring 389 beim Unihochhaus. www.campussuite.de

Ausflüge um die Ecke

Du musst einfach mal raus aus Kiel, neue Gesichter sehen, fremde Gerüche in die Nase bekommen und geradezu exotische Eindrücke sammeln? Welcher Tag wäre besser geeignet für einen Kurztrip ins Umland als der gute alte Sonntag?

Im etwa 60 Kilometer entfernten Sierksdorf warten Achterbahnen, Karussells und Wildwasserrutschen auf Dich. Der **Hansapark** liegt direkt an der Ostsee und kostet um die 30 Euro Eintritt. Hier kannst Du Dich einen Tag lang von bunten Stahlkolossen im Kreis herumwirbeln und in die Luft hinauftragen lassen. Fast jedes Jahr kommen neue Attraktionen dazu und vergrößern das Höher-Schneller-Weiter-Angebot. Natürlich ist mit vielen Fressständen, Buden und Restaurants auch für das leibliche Wohl gesorgt, wie es sich eben für einen Freizeitpark gehört. www.hansapark.de

Das Meer direkt vor der Tür genügt Dir nicht? Du brauchst zusätzlich Action im Wasser? Dann nutze den Sonntag für einen Ausflug zu einem der Erlebnisbäder. Etwa 60 Kilometer entfernt in Scharbeutz befindet sich die **Ostseetherme**, das subtropische Badeparadies **Weißenhäuser Strand** ist nach einer Fahrt von circa 50 Kilometern erreicht.

www.ostsee-therme.de   www.weissenhaeuserstrand.com

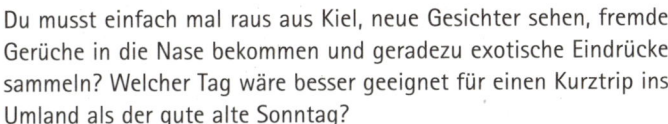

Kiel   endlich   endlich   Kiel   endlich

Langes Wochenende oder einfach so drei Tage Zeit? Wie wär's mit einem Kurztrip direkt vom Kieler Schwedenkai ins schwedische Göteborg mit der **Stena Line**? Wer auf Meerblick in der Kajüte verzichtet, zahlt in einer Standardkabine für den Minitrip um die 100 Euro und hat einen Tag Zeit, die zweitgrößte Stadt in Schweden zu erkunden. Mehr Infos und Buchungsmöglichkeiten unter:
www.stenaline.de

Wenn Du Süßes liebst und schon immer mal hinter die Kulissen der Produktion von Zuckrigem und Klebrigem gucken wolltest, ist die **Bonbonkocherei** im 27 Kilometer entfernten Eckernförde ein absolutes Muss für Dich. Beim Schaukochen kannst Du zusehen, wie verschiedene Zucker-, Lakritz-, Kräuter- und Karamellspezialitäten hergestellt werden. Danach ist hemmungsloses Shopping angesagt, damit sich die vor Jahren abgeschlossene und noch nie genutzte Zahnzusatzversicherung endlich einmal richtig rentiert.
www.bonbonkocherei.de

Direkt vor Kiels Haustür, quasi auf der Kieler Fußmatte, liegt die Gemeinde Molfsee. Je nach Lust und Laune kannst Du Dich hier mit Kultur und Geschichte auseinandersetzen oder einfach nur Relaxen. Im **Freilichtmuseum** tauchst Du für 5 bis 7 Euro in die Historie ein und

lässt Dich zwischen Originalgebäuden aus vergangenen Jahrhunderten lehrreich durch den Sonntag treiben.
www.freilichtmuseum-sh.de

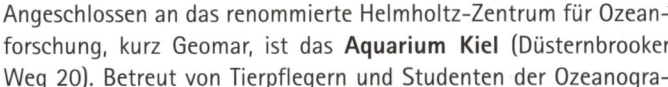

Angeschlossen an das renommierte Helmholtz-Zentrum für Ozeanforschung, kurz Geomar, ist das **Aquarium Kiel** (Düsternbrooker Weg 20). Betreut von Tierpflegern und Studenten der Ozeanographie lockt vor allem die kostenlose Seehundfütterung viele Neugierige an. Aber auch im Inneren gibt es viel über heimische Fische aus der Nord- und Ostsee zu lernen und riesige Heringsschwärme ziehen an einem vorbei. Der Eintritt: 3 Euro, ermäßigt 2 Euro.
www.aquarium-kiel.de

Wenn Dir neben der Fauna auch die Flora am Herzen liegt, dann bist Du im **Botanischen Garten** (Am Botanischen Garten 1-9) der Uni goldrichtig. Auf über acht Hektar kannst Du kostenlos durch die nordamerikanische oder mittelmeertypische Pflanzenwelt wandeln. Ergänzt wird dies durch die größte zugängliche Gewächshausanlage Schleswig-Holsteins. In verschiedenen Biotopen kannst Du an der frischen Luft lustwandeln oder im tropischen Klima schwitzen. Der Garten am Ende der Olshausenstraße an der Kieler Uni ist ganzjährig meist bis 18.00 Uhr geöffnet.
www.botanischer-garten-kiel.de

Kiel
endlich endlich Kiel
endlich

Eltern

Touris
Sightseeing
Touris
Touris

Sights

aufräumen
auf
aufräumen
aufräumen

aufräumen

Sig

Besuch

Besuch

Besuch?

Tourikram

Besuch

Tourikram ...

Tourikram ...

eeing

htseeing

Eltern

en

Eltern

lich

Eltern

endlich

Sightseeing

ris

seeing

Das Meer – grandioses Touristen-Highlight in Kiel und eine Top-Möglichkeit, mit Deinem neuen Wohnort anzugeben. Auch wenn sie Dir vielleicht inzwischen schon zur Gewohnheit geworden ist und Du sie kaum noch wahrnimmst: Für Ortsfremde ist die Ostsee noch immer die attraktive Unbekannte, die es leise zu umgarnen und kennenzulernen gilt. Die Frage, wohin es als Erstes mit dem lieben Besuch gehen sollte, stellt sich also eigentlich gar nicht.

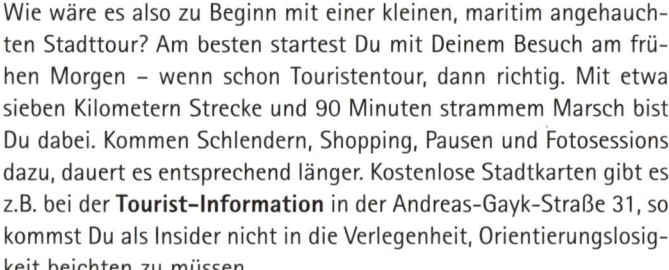

Mit welchen Stränden Du ordentlich Eindruck bei Familie und Freunden schindest, kannst Du im Kapitel „Sommer", S. 106 nachschlagen.

Tourikram

Wie wäre es also zu Beginn mit einer kleinen, maritim angehauchten Stadttour? Am besten startest Du mit Deinem Besuch am frühen Morgen – wenn schon Touristentour, dann richtig. Mit etwa sieben Kilometern Strecke und 90 Minuten strammem Marsch bist Du dabei. Kommen Schlendern, Shopping, Pausen und Fotosessions dazu, dauert es entsprechend länger. Kostenlose Stadtkarten gibt es z.B. bei der **Tourist-Information** in der Andreas-Gayk-Straße 31, so kommst Du als Insider nicht in die Verlegenheit, Orientierungslosigkeit beichten zu müssen.

Der meerlastige Touristenmagnet, an dem ihr eure Tour startet, ist die Strecke entlang des **Hindenburgufers** bzw. der **Kiellinie** in den Stadtteilen Düsternbrook und Wik. Hier könnt ihr gemütlich die Ostseepromenade entlangflanieren, während die Möwen kreischen und die Verwandten oder Freunde verzückte Laute in Richtung Kieler Förde ausstoßen. Proportional zu steigenden Temperaturen

Kirche
aufräumen
Eltern
Besuch
Sightseeing
//161

nimmt dabei übrigens auch der Ange-
ber-Faktor in Bezug auf Dein neues
Domizil zu. Wenn möglich, solltest Du
diesen Ausflug also auf einen schönen
und vor allem sonnigen Tag zwischen
Mai und September legen. Aber auch
im Winter und bei nass-grauem
Novemberwetter ist die Kiellinie noch
immer zeigenswert.

Einen zusätzlichen Anziehungspunkt, der das Touristenherz höher
schlagen lässt, bietet hier das **Seehundbecken de**s GEOMAR Helm-
holtz-Zentrums für Ozeanforschung Kiel. Und solange er die kuller-
äugigen Meeressäuger nur von der Promenade aus betrachten
möchte, muss Dein Besuch noch nicht einmal in seine Urlaubskas-
se greifen. Für Spritzschäden übernimmt das Kieler Aquarium allerdings keine Haftung! www.aquarium-kiel.de

Seehund Kielius

Einige nette Cafés und gemütliche Restaurants gibt es entlang der Kieler Förde ebenfalls.
In deren Stühle kann man sich
schön gemütlich hineinfläzen
und den Blick über die Bucht
und die zahlreichen vorüber-
ziehenden Jogger wandern
lassen. Bei schönem Wetter
lockt z.B. das **Louf** (Revent-
louallee 2) mit urgemütlichen Liegestühlen, die sehr einladend im
Sonnenschein stehen und auf vorbeikommende Touristen und fla-
nierende Kieler warten. Mit einer kühlen Cola oder einem Latte
Macchiato in der Hand genießt man hier einen ruhigen, entspannten Moment, den auch ihr euch nicht entgehen lassen solltet, ehe
es weitergeht. www.louf.de

Kiel
endlich
endlich
Kiel
endlich

Vom Louf aus könnt ihr einen kurzen Abstecher zum **Landtag** (Düsternbrooker Weg 70) wagen. Dazu lasst ihr das Wasser einfach hinter euch, geht ein Stück die Reventloualle entlang und biegt dann rechts in den Düsternbrooker Weg ein. Zwar ist das Gebäude höchstens einen kurzen Blick und aufgrund touristischen

Souvenireifers eine fotografische Verewigung wert, trotzdem finden erfahrungsgemäß gerade Eltern und andere Gäste jenseits der 40 großen Gefallen daran. Während Deine Lieben sich von Dir vor der politischen Sehenswürdigkeit fotografieren lassen, kannst Du mit ein paar beeindruckenden Fakten aufwarten:

Im Jahr 1888 wurde das **Landeshaus** errichtet und diente damals als kaiserliche Ausbildungsstätte für aufstrebende Marineoffiziere. Seit 1950 beherbergen die ehedem majestätischen Schulmauern jedoch nur noch mehr oder weniger namhafte Politiker auf Landesebene. Besonders ist heute vor allem das Zusammenspiel der unterschiedlichen Baustile und der vollverglaste Plenarsaal zur Wasserseite, in dem das Plenum seit 2003 seine Sitzungen abhält.

Nun geht es wieder Richtung Süden, immer den Düsternbrooker Weg und danach ein Stück den Wall entlang und schon liegt die Altstadt zum Greifen nahe. Um direkt ins Getümmel zu kommen, biegt ihr nach mehreren Minuten vom Wall nach rechts ab, folgt der Schuhmacherstraße hinein in die Altstadt und schleppt euch noch die letzten Meter bis auf den Alten Markt, der von der prächtigen **Sankt Nikolai Kirche** überragt wird. Bereits um 1242 – etwa zeitgleich mit der Gründung Kiels – begann man mit dem Bau des riesigen Gotteshauses, das wohl nicht ohne Hintergedanken dem

Schutzheiligen der Schiffer und Kaufleute geweiht wurde. Zwar zerstörte der Krieg die Kirche Anfang der 1940er Jahre, doch nach fleißigen Restaurierungsarbeiten erfreut sie neben den Gemeindemitgliedern auch wieder das eine oder andere Touristenherz.

Nach dem langen Marsch, der bereits hinter euch liegt, habt ihr erst einmal eine Stärkung verdient. Je nach Neigung und Ausprägung des Hungergefühls empfiehlt sich eines der folgenden Etablissements.

Café Exlex (Ziegelteich 14): Köstliche Kaffeespezialitäten, kleine italienische Leckereien und mehr. www.exlex-kiel.de

Für Süßschnuten: **Konditorei und Café Fiedler** (Holstenstr. 92): gehobene Preise und absolute Naschgarantie. www.cafe-fiedler.de

Für den größeren Hunger gibt es das saftige Steak und die solide Ofenkartoffel im **Block House Restaurant** (Willestr. 4-6). www.block-house.de

Vielleicht steht euch der Sinn aber auch einfach nach einem leckeren **Kieler Fördeknacker** im Brötchen mit ordentlich Senf oder Ketchup. Bei jedem Wetter tummeln sich im Umkreis der Altstadt und vor allem in der Holstenstraße mehrere der mobilen Würstchenwagen, die gegen wenig Geld ihre heiße und fettige Ware an hungriges Fußvolk verteilen.

Kiel

endlich endlich endlich

So gestärkt könnt ihr weiterbum-
meln und den einen oder anderen
Blick in die Geschäfte werfen. Auf
eurem Weg die Holstenstraße entlang und dann nach Norden über
die Holstenbrücke geschlendert,
streift ihr, wenn ihr euch rechts
haltet, die Oper und das Rathaus
in der Rathausstraße. Gerade
diese beiden Gebäude eignen

sich aufgrund der altehrwürdigen Architektur, die in Kiel als Kriegs-
folge eher rar gesät ist, besonders als Fotomotive.

Das **Opernhaus** ist Produkt einer Ausschreibung aus dem Jahr 1898
und wurde 1907 fertiggestellt. Verantwortlich für die Bauweise ist
der Berliner Architekt Heinrich Seeling, der vor über einem Jahrhundert den Kieler Magistrat mit seiner Vision begeisterte.

Wenn ihr vor diesem Gebäude steht, seht ihr bereits den beeindruk-
kenden **Rathausturm** mit seinen 106 Metern Höhe dahinter aufra-
gen. Er gilt ganz zu Recht als eines der Wahrzeichen von Kiel. Jede
Viertelstunde ertönt vom Turm ein „Viertel-Glockenspiel", das dann

zusammengesetzt zur ganzen
Stunde eine vollständige Melodie
ergibt. Pack die Gelegenheit beim
Schopfe und begleite das Glockenspiel gesanglich mit dem alt-
hergebrachten Kieler Spottvers,
der im Jahr 1911 zu Ehren der
Rathaus-Eröffnung gedichtet
wurde: „Kiel hett keen Geld, dat
weet de Welt. Ob's mal wat
kriecht, dat weet man nich."

Auf Hochdeutsch würde das wie folgt klingen: „Kiel hat kein Geld, das weiß die Welt. Ob es mal welches bekommt, das weiß man nicht." (Für weiteren Kieler Snack und Klönsnack op Platt wirf mal einen Blick in das Kapitel „Sprachregeln", S. 222)

Auf wen diese Reimkunst zurückgeht, ist heute leider nicht mehr nachzuvollziehen. Gereimt wurde der Spottvers aber erstmals, als bereits während der Bauarbeiten zum Rathaus die Kosten ins Unermessliche stiegen.

Ähnlich verhält es sich vermutlich mit den Ausgaben Deiner Besucher, wenn ihr euch endlich von dem Anblick des Rathauses loslösen könnt und ein paar Minuten später über Fleethörn und Hafenstraße in die Andreas-Gayk-Straße gelangt. Denn in der Nummer 31 sitzt die **Tourist-Information**, in deren Hallen Stadtkarten und Fanartikel von Kiel auf euch warten.

Zu schnell? Hier nochmal das Ganze in Zeitlupe: Hast Du Deinen staunenden und fotoknipsenden Besuch endlich über den Rathausplatz geschleppt, findet ihr euch auf dem Fleethörn wieder. Diesem folgt ihr zurück nach Südosten Richtung Wasser. Ohne abzubiegen, ändert sich der Straßenname in „Hafenstraße". Ist euch aber egal: Ihr geht einfach immer weiter geradeaus, überquert die Holstenstraße und habt mit der nächsten Querstraße auch schon die Andreas-Gayk-Straße erreicht. Geht nach rechts und ihr werdet wenige Meter später an der Ecke Stresemannplatz die Touristen-Information stürmen können.

Vollgepackt mit Aufklebern, Jutebeuteln mit Stadtlogo und anderem Kiel-Klimbim, der euch erbarmungslos als Touristen entlarvt, überquert ihr die an dieser Stelle ziemlich bushaltestellenlastige Andreas-Gayk-Straße.

keine Lust auf langes Laufen? Gleite doch einfach mal ganz unbeschwert auf Segways durch Kiels Straßen. Mehr Infos dazu findest Du unter:
www.segtours4you.de

Kiel endlich endlich Kiel
endlich

Auf der anderen Seite und somit in der Holstenstraße angekommen, trägt euch eine Rolltreppe von der Fußgängerzone ins überdachte Kieler **Shopping-Paradies Sophienhof**. Um die 120 Geschäfte ballen sich hier mit diversen Fressbuden und ein paar Wellness-Anbietern auf zwei Ebenen. Wer nichts mehr kaufen möchte, lässt das Shopping-Center einfach rechts liegen und geht gleich weiter, bis der **Kieler Bahnhof** mit seinem sehenswerten Kaiserportal auftaucht. Der schmucke Eingang ist seitlich nach Osten hin gelegen – also diesen und nicht den eher unspektakulären Richtung Sophienblatt bestaunen!

Wie es nun einmal in Kiel so ist, befindet sich das Wasser am Kaiserportal schon wieder in unmittelbarer Nähe. Und jetzt kannst Du den ganz großen Trumpf ausspielen! Nachdem ihr diesen Gewaltmarsch mehr oder weniger heil überstanden habt, soll der Ausflug ein entspanntes Ende nehmen. Und was wäre ein schönerer Abschluss einer Kieler Touristentour als das gemütliche Beisammensein auf einer beschaulichen **Hafenrundfahrt**? Umgeben von Wasser, Werften und reichlich großen Schiffen greift wirklich jeder zur Kamera.

Damit es losgehen kann, müsst ihr euch nur am beeindruckenden Bahnhofstor vorbei Richtung Wasser auf den Bootsableger „Bahnhofsbrücke" durchschlagen – doch das sollte nicht zu schwer sein, denn

schließlich muss man dafür nur eben mal die Kaistraße überqueren. Dreimal täglich außer freitags startet von hier aus um 11, 13 und 15 Uhr die etwa zweistündige Hafenrundfahrt auf der Kieler Förde, allerdings nur von Mai bis Oktober. Für alle über 14 Jahre kostet der Spaß 11 Euro, für die darunter 5,50 Euro. Kinder bis sechs Jahre dürfen sogar ganz umsonst mit auf die Spritztour.

NO LIMITS 24

Eine Bootsfahrt ist Dir nicht cool genug? Wie wäre es denn dann mit einem Hubschrauber-Rundflug über Kiel? Ihr entscheidet, ob ihr 10 oder 20 Minuten in der Luft bleiben wollt. Kostenfaktor: wer hoch hinaus will, muss auch tief in die Tasche greifen! Zwischen 99 und 159 Euro, je nach Länge des Fluges. Infos und Buchung unter:
www.nolimits24.de --> Fliegen

So oder so gilt: Damit ihr die finale Episode der Touri-Tour auch alle genießen könnt, besorgst Du am besten schon im Voraus Reisekrankheitstabletten in der Apotheke. Bei Bedarf kannst Du die aus Deiner Hosentasche zaubern und bist so nicht nur hochgelobter Stadtführer, sondern zudem der Held des Tages. Auf diese Weise könnt ihr den gemeinsamen Bootstrip oder den spektakulären Rundflug ohne unschöne Überraschungen miteinander genießen.

Apotheken in der Innenstadt:
Friesen-Apotheke, Kronshagener Weg 17,
Altstadt-Apotheke, Küterstr. 2,
Apotheke am Z.O.B., Auguste-Viktoria-Str. 14

Kiel

endlich endlich

Kiel

endlich

Noch immer nicht müde?

Was der eifrige Tourist außerdem auf keinen Fall verpassen darf: Etwas außerhalb des Kieler Zentrums Richtung Norden (besser mit Bus oder Auto, siehe Kapitel „Von A nach B") gibt es natürlich noch ein paar schicke Touristenziele, die Du Deinen Gästen präsentieren kannst. Das Motto lautet auch hier: Hauptsache maritim! – Denn nichts anderes erwarten Besucher in touristischer Mission vom unmittelbaren Ostseestandort. Alles andere würde sie doch nur enttäuschen ...

Also: Leuchttürme lautet die Parole! Was wäre das Meer ohne Leuchttürme?! Wo die Kieler Förde und der Nord-Ostsee-Kanal sich treffen, liegt Kiel Holtenau. Der **Holtenauer Leuchtturm**, den man hier bewundern kann, gilt nicht nur als ein Wahrzeichen Kiels, sondern auch als einer der schönsten Leuchttürme Deutschlands. Und das zu Recht, erscheint der rote Backsteinbau doch fast wie ein Schlosstürmchen oder eine kleine Kirche.

Wenn ihr schon mal in der Gegend seid, nehmt ihr euch am besten etwas Zeit, um den **Nord-Ostsee-Kanal** und die **Schleuse** zu begutachten. Während ihr zuseht, wie die Wasserpegel angeglichen werden, solltet ihr euch ganz kurz daran erinnern, dass ihr die erste künstliche Wasserstraße zwischen Nord- und Ostsee vor Augen habt, die bereits im Jahr 1784 in Betrieb genommen wurde!

Auch der **Tiessenkai** mit seinen alten Frachtsegelschiffen ist einen Besuch wert – und da ihr ja bereits in Holtenau seid: Ein bisschen weiter draußen in Kiel Friedrichsort findet ihr einen weiteren sehenswerten Leuchtturm, den **Leuchtturm Friedrichsort**. Vom Falckensteiner Strand (s. Kapitel „Sommer", S. 107) aus könnt ihr das grün-weiß gestreifte Rundgebäude betrachten und reichlich Fotos schießen.

Von hier ist es auch kaum mehr als ein Katzensprung zum **Olympiazentrum** in Kiel Schilksee. Das begeistert nicht nur mit seinem schönen Sandstrand (s. Kapitel „Sommer", S. 107), sondern lässt mit dem großen Sportboot- und Jachthafen auch die Herzen der Segelfans höher schlagen.

Hier endet eure Tour nun aber wirklich. Setzt euch in die untergehende Sonne, gönnt euch eines der weltbesten Fischbrötchen vom Goldfisch-Hafen-Kiosk (siehe Kapitel „Hunger", S. 71) und genießt das wunderbare Gefühl, endlich nicht mehr weiterlaufen zu müssen.

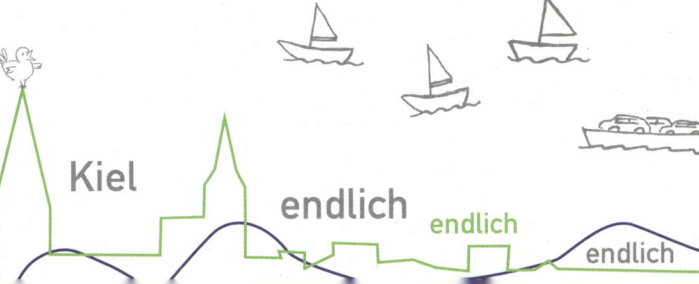

Kiel   endlich   endlich   Kiel
                                endlich

Für alle, die nicht mitdurften

„Bringst Du mir was mit?" Ein ebenso nachvollziehbarer wie nerviger Wunsch der lieben Daheimgebliebenen. Und wie so oft ist man bereits auf dem Weg zur Fähre, zum Bus oder zum Zug Richtung Eltern/Freunde/Liebhaber, wenn einem diese Bitte nach tagelangem „Lapsus Memoriae" wieder einfällt. Wo findest Du jetzt auf die Schnelle das perfekte Kiel-Mitbringsel?

Wenn Du mehr als drei Minuten Zeit hast, lohnt sich ein Mini-Ausflug nach Preetz in die Kirchenstraße 6 zur **Konditorei Reimann**. Hier gibt es DAS Mitbringsel überhaupt, nämlich Kieler Sprotten, aber nicht mit Stinkpotenzial, sondern aus Schokolade! Oder Du bestellst sie einfach hinterher im Internet: www.schoko-sprotten.de

Vielleicht sollen es aber lieber klassische „Buddelflaschen" mit einer Miniaturausgabe der „Gorch Fock" oder Knotentafeln mit allen möglichen Seemannsknoten sein? Dann empfiehlt sich ein Besuch des **Ateliers Zippel** (Eggerstedtstr. 1).

Oder aber Du überraschst die Lieben zu Hause mit Souvenirs der Kieler Woche, die Du schon ab Mitte Mai käuflich erwerben kannst. Wie wäre denn ein Anstecker, ein Schlüsselband oder eine Segeltuchtasche mit dem Logo der Kieler Woche? Bekommst Du in der **Kundenhalle der „Kieler Nachrichten"** (Fleethörn 1-7) oder bei der **Tourist-Information** (Andreas-Gayk-Str. 31b).

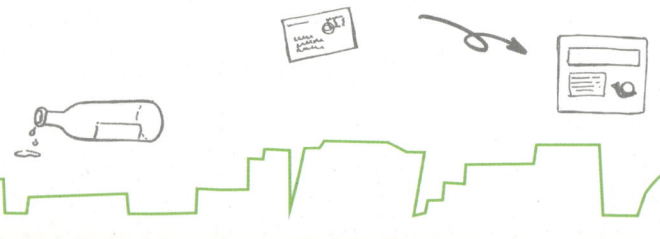

Selbst-Anzeige

Auch Dein Besuch muss irgendwann zurück nach ...

»Endlich Bonn!« Dein Stadtführer
Sascha Becker, Diana-Isabel Scheffen, Sarah
Schönfeld, Kirsten Schwarzer, Eva Stannigel
rap verlag, 2012, 14,90 €
ISBN: 978-3-942733-04-5

»Endlich Heidelberg!« Dein Stadtführer
Marco A. Ianniello, Esther Mallm,
Linda Rose, Angela Tanner, Patrick Wolf
rap verlag, 2011, 14,90 €
ISBN: 978-3-942733-03-8

»Endlich Leipzig!« Dein Stadtführer
Jann von der Brelie, Jacqueline Ehms,
Stephanie Ehrich, Benjamin Hanke, Moritz
Koneffke
rap verlag, 2011, 14,90 €
ISBN: 978-3-942733-02-1

»Endlich Mainz!« Dein Stadtführer
Julia Braun, Ann-Cathrin Klose, Benjamin
Schaefer, Alexandra Strohmeier
rap verlag, 2011, 14,90 €
ISBN: 978-3-942733-01-4

»Endlich Freiburg!« Dein Stadtführer
Philipp Appenzeller, Rieke Kersting
rap verlag, 2011, 14,90 €
ISBN: 978-3-942733-00-7

erhältlich im Buchhandel oder unter:
www.rap-verlag.de

Kiel

endlich

endlich

endlich

Kiel

Konzert

Konzert

Konzert

Konzert Konzert

Klassik

Konzert

Konzert

endlich

Klassik

Klassik

Kla

Konze

Poetry-Slam

Theater

Kinosessel

Poet

K

Slam

Konze

Poetry

Konzert

K-Sla

Poetry-Sla

Ganz kultiviert in Kiel? Klappt super! Neben Wasser, Strand und Möwen hat Kiel auch eine ganze Reihe an Museen und Ausstellungen, die Kunsthalle, internationale Musikfestivals und die großen und kleinen Bretter, die die Welt bedeuten, zu bieten. Außerdem natürlich Kino für jeden Geschmack, von Art House bis zum Blockbuster. Da kann die Wahl schon mal schwerfallen.

Museen

Historisches und Technisches

Industriemuseum Howaldtsche Metallgießerei e.V. (Grenzstr. 1): In diesem komplett ehrenamtlich geführten Museum am Ostufer zeigen Gießer ihr erlerntes Handwerk. Unter viel Dampf und Hitze entstehen funkelnagelneue „alte" Gießstücke – und beim Zinngießen darf jeder selbst einmal Hand anlegen. Außerdem erfährst Du einiges über die Geschichte der Howaldts-Werft. Eintritt: 2 Euro, ermäßigt 1 Euro. www.alte-giesserei-kiel.de

NOTIZEN

Richte den Blick auf Deinem Streifzug durch Kiel auch mal nach unten: 128 Stolpersteine wurden in Kiel und Kronshagen von dem Künstler Gunter Demnig verlegt. Sie tragen die Namen derer, die während der Zeit des Nationalsozialismus aus den benachbarten Häusern und Wohnungen deportiert und getötet wurden. Die Biografien sind teilweise online einsehbar. www.kiel.de/stolpersteine

Wie wurde Kiel zu Kiel? Diese und andere Fragen werden im **Stadtmuseum Warleberger Hof** (Dänische Str. 19) beantwortet. Das Museum ist im ältesten noch erhaltenen Kieler Adelshaus aus dem frühen 17. Jahrhundert untergebracht. Gemälde, historische Schriftstücke und Schätze dokumentieren und erklären den Aufstieg zur Großstadt, zur Lieblingsmarinestadt des Kaisers und informieren über die Bombardierung

im 2. Weltkrieg. Dank der vielen, vielen Fotos kannst Du nachvoll-
ziehen, wie sich das Stadtbild im Laufe der Jahrhunderte verändert
hat. Stadtgeschichte ist nicht Dein Ding? Macht nichts, allein der
Warleberger Hof mit seinen hübsch verzierten Stuckdecken lohnt
den Besuch. Eintritt: 3 Euro, ermäßigt 1 Euro.
www.kiel.de --> kultur --> Stadt- & Schifffahrtsmuseum

Vor den Toren Kiels liegt das **Schleswig-Holsteinische Freilicht-**
museum (Hamburger Landstr. 97). Auf über 60 Hektar sind mehr als
70 historische Gebäude wieder aufgebaut worden. Bei Deiner Reise
durch die Vergangenheit wird altes Traditions-Handwerk wieder
zum Leben erweckt. Und auch Verpflegung gibt es reichlich: Besonders lecker sind das Brot aus dem Holzbackofen, die selbst gemach-
te Buttermilch und die gigantischen Kuchenstücke in der alten
Meierei. Vor allem bei schönem Wetter und an den großen Markt-
tagen immer einen Besuch wert. Eintritt: 3 Euro, ermäßigt nur
1,50 Euro. www.freilichtmuseum-sh.de

Flandernbunker (Hindenburgufer 249): Als Relikt aus dem 2. Weltkrieg dient der ehemalige Marinebunker heute als Mahnmal. Jeden
ersten Sonntag im Monat beginnt um 11.30 Uhr eine Führung
durch die Räume und die Dauerausstellung. Ergänzt wird das

Kiel   endlich   endlich   Kiel

endlich

Konzert Kinosessel
Klassik Theater
Poetry-Slam

Programm des Mahnmals Kilian e.V. durch wechselnde Veranstaltungen zu den Themen Geschichte, Friedenssicherung und Völkerverständigung. www.mahnmalkilian.de

Schifffahrtsmuseum (Wall 65): Was wäre eine Küstenstadt ohne ein anständiges Schifffahrtsmuseum? Dieses hier liegt direkt an der Waterkant. In einer ehemaligen Fischhalle können allerlei maritime Sammlerstücke bestaunt werden. Ob nautische Instrumente, Buddelschiffe, Galionsfiguren, Ölbilder oder uralte Fotografien aus der kaiserlichen Marinezeit – hier erzeugt jedes Exponat ein bisschen Fernweh. Und als besonderes Schmankerl gilt ein Modell des „Brandtauchers" – das älteste U-Boot der Welt, natürlich entwickelt und getestet in der Kieler Förde. Das Museum wird nach umfassender Sanierung voraussichtlich im Frühjahr 2013 wiedereröffnet, die Museumsbrücke mit den historischen Dampfern ist aber immer kostenfrei zugänglich. www.kiel.de --> kultur --> Stadt- & Schifffahrtsmuseum

Wenn Du Dich gerne mit Bits & Bytes beschäftigst, ist das **Computermuseum** (Eichenbergkamp 8) genau das Richtige: Die Fachhochschule Kiel präsentiert eine europaweit einmalige Sammlung, die von den Ursprüngen bis heute die Entwicklungen des spannenden Computerzeitalters sehr anschaulich

COMPUTERMUSEUM
DER FACHHOCHSCHULE KIEL

dokumentiert. Besonderer Höhepunkt ist der Rückblick auf das Werk des Computerpioniers Konrad Zuse. Eintrittspreis: 6,- Euro, ermäßigt 4,50 Euro. www.computermuseum-kiel.de

Zwei Industriegebäude, vollgepfropft mit historischen Kraftmaschinen, hält das **Maschinenmuseum Kiel-Wik** (Am Kiel-Kanal 44) für Dich bereit. Hier kannst Du jeden dritte Sonntag im Monat riesige Dampfmaschinen und röhrende U-Boot-Motoren in Aktion erleben. Vorführungen und spannende Vorträge rund um die Maschinen ergänzen das Programm. Wenn Du schon immer mal wissen wolltest, wie ein Otto-Motor genau funktioniert, hier wirst Du es erfahren! Der Eintritt ist frei, Spende wird erbeten.
www.maschinenmuseum-kiel-wik.de

Naturwissenschaftliches

Zoologisches Museum Kiel (Hegewischstr. 3). Vom Blauwalskelett bis hin zum präparierten Parasiten: ca. 400.000 Objekte aus drei Jahrhunderten – da dürfte für jeden was dabei sein. Eintritt: 2 Euro.
www.uni-kiel.de/zoologisches-museum

Die **Medizin- & Pharmaziehistorische Sammlung** (Brunswiker Str. 2) befindet sich zurzeit im Umbau und wird leider erst 2013 wieder eröffnet. Spannende Dokumente und faszinierende Instrumente zur Geschichte der Medizin kannst Du dort begutachten und Dich beim Anblick von historischen zahnmedizinischen Geräten gruseln.
www.med-hist.uni-kiel.de

Kiel
endlich
endlich
Kiel
endlich

Konzert Kinosessel
Klassik
Theater
Poetry-Slam

Kunst

Die **Kunsthalle zu Kiel** (Düsternbrooker Weg 1) lädt mit neu gestal-
tetem Eingangsbereich die kunstinteressierten Kieler zum Besuch
ein. Schwerpunkte der Sammlung sind die alten Niederländer (u.a.
Jan van Gemessen und Hendrick ter Brugghen) sowie die Malerei
seit dem späten 18. Jahrhundert mit ausgesuchten Schwerpunkten:
das dänische „Goldene Zeitalter", der deutsche Impressionismus
und Kunst nach 1945 mit Werken des Informel, der konkreten und
konstruktiven Kunst sowie der Op Art.

Außerdem hat das Museum eine beeindruckende Sammlung von
Graphiken sowie einen Sammlungsbestand von Fotografien, Skulp-
turen und Videos vorzuweisen. In regelmäßigen Abständen werden
hier Wechselausstellungen organisiert. Etabliert hat sich mittlerweile auch die einmal jährlich stattfindende Kunstausstellung, die
ausschließlich von verschiedenen Professoren der Kieler Universität
gestaltet wird. Die Profs erläutern die ausgewählten Kunstwerke
und lassen Dich an ihren Gedanken dazu teilhaben. Eintritt: 7 Euro,
ermäßigt 4 Euro. www.kunsthalle-kiel.de

Wenn Du Lust hast, einem
Künstler bei der Arbeit
zuzuschauen, oder aber auf
Ausstellungen an verrück-
ten und kreativen Orten
stehst, dann wirst Du in
Kiels reichhaltiger Gale-
rienlandschaft garantiert
fündig. Eine kleine Aus-
wahl findest Du hier, aber es
gibt ständig Neues zu entdecken – also Augen auf!

Wer sparen möchte, kauft sich
gleich ein Kombiticket für
Schifffahrtsmuseum, Stadtmuseum Warleberger Hof und
Stadtgalerie. Lohnt sich!

Geheimtipp sind die leckeren
Suppen und Kuchen im angeglie-
derten STATT-Café, wo Du es
bei einer Jazz-Session einfach
mal ganz entspannt angehen
kannst.
www.statt-cafe-kiel.de

Stadtgalerie Kiel (Andreas-Gayk-Str. 31): Seit 1988 ist die Kieler Stadtgalerie eine Institution. In weiten Räumen kann man Gegenwartskunst betrachten, darunter Werkschauen zu Peter Nagel, Jan Henderikse oder Raffael Reinsberg. An die Galerie angeschlossen ist auch die Heinrich-Ehmsen-Stiftung. Im Studio sind regelmäßig Werke junger Künstler zu sehen. Aber auch den Werken unserer nordischen und baltischen Nachbarn widmet sich die Stadtgalerie intensiv. Der Besuch kostet 3 Euro, ermäßigt 1 Euro. www.kiel.de --> kultur --> stadtgalerie

Im **Kielkind – Raum für Kunst und Konzepte** (Knorrstr. 13), gibt es zum einen natürlich Bilder und Kunstwerke wechselnder Künstler zu bewundern. Zum anderen lädt die Galerie zu Kunstabenden der besonderen Art ein, bei denen Du zu einem Glas Rotwein und Musik selbst Kunst machen darfst. Außergewöhnlich ist auch der 24-Stunden-buch-o-mat direkt vor der Haustür: Hier kannst Du ausgelesene Bücher vorbeibringen, und Dir dafür ein anderes Exemplar aussuchen. www.kielkind.de

CARLSMITH 2012 1/6

Die **Galerie Umtrieb** (Ringstr. 49) ist eine kleine, aber feine Galerie, die bis zu sieben unkommerzielle Kunstausstellungen pro Jahr organisiert. Wer Lust auf Vorträge und Gespräche zu allen möglichen Themen rund um die Kunst hat, ist hier ebenfalls richtig. Auch ein Verlag für Kunstbücher ist im Gebäude ansässig, bei dem Du einen Buchdruck-Kurs besuchen kannst. www.umtrieb.de

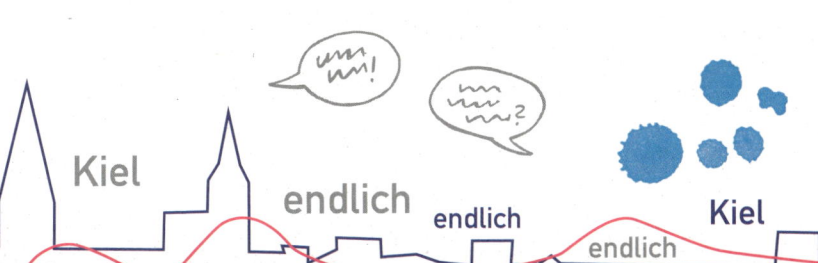

Kiel endlich endlich Kiel endlich

Der Berlinerin Katharina Kierzek kann man im **Atelierladen Wirklich** (Lutherstr. 10) über die Schulter schauen – und Magnete, Postkarten und anderes aus ihrem Grafik-Repertoire erstehen. Auch Ausstellungen finden hier immer wieder statt.
www.wirklich.info

Die international renommierte **Kunsthochschule Muthesius** stellt an unterschiedlichen Orten in Kiel aus. Ein Muss für kreativ Interessierte ist der Kunstraum B im ersten Stock eines Wohnhauses in der Ringstraße 68. Hier finden die Semesterabschlussveranstaltungen der bildenden Künstler statt. Zu den Ausstellungsräumen gehört auch eine kleine Galerie im Erdgeschoss des Einrichtungshauses Dela-Möbel in der Eggerstedtstraße 7, so dass die Ausstellungen oft zwei Schwerpunkte haben und skurrile Titel wie „Batman und Robin" tragen. www.muthesius-kunsthochschule.de

Ein absoluter Geheimtipp ist die **Lessinghalle** (Lessingplatz 1). Als Schwimmbad konnte sie leider nicht mehr erhalten werden. Jetzt finden in den trockengelegten Räumen aber Ausstellungen, Partys und Flohmärkte statt, und eine Galerie, die Boutique „Seepferdchen" sowie die Kleidertauschbörse haben dort ihr Zuhause gefunden. Wenn dann auch die Muthesius-Kunsthochschule gegenüber in ihre neuen Räumlichkeiten eingezogen ist, wird die Lessinghalle endgültig vor Kreativität überschäumen. www.lessinghalle-kiel.de

Ganz großes Kino

Freunde des bewegten Bildes fühlen sich in Kiel pudelwohl, denn die Stadt hat für jeden Geschmack etwas zu bieten. Egal ob Du Fan der großen Blockbuster bist, das kleine, aber feine Arthouse-Programm bevorzugst oder vielleicht auch Skandinavisches über die Leinwand flimmern sehen möchtest – hier findet sowohl der Mainstream-Freund als auch der Liebhaber von skurrileren Filmen immer das passende Kino.

Viel Popcorn, Nachos und großes Blockbuster-Kino, im Original oder synchronisiert, warten im **Cinemaxx** (Kaistr. 54-56) auf Dich. In gemütlichen Sesseln vor der Großbildleinwand kann man sich hier bei Ladies Night und 3D-Kino direkt am Kieler Hauptbahnhof im Erlebniscenter CAP entspannt zurücklehnen. www.cinemaxx.de

Wer einmal über den Tellerrand der Hollywood-Produktionen schauen möchte, der sollte unbedingt im **Kommunalen Kino** in der Pumpe (Haßstr. 22) in der Altstadt vorbeischauen. Im ehemaligen Pumpwerk zur Abwasserentsorgung, das 1979 zum Kultur- und Kommunikationszentrum umfunktioniert wurde, kannst Du auf zwei Leinwänden cineastische Leckerbissen aus der großen, weiten Welt genießen. Hier haben auch lokale Filmemacher die Chance, Selbstgedrehtes (und wir meinen keine Zigaretten!) erstmalig zu präsentieren. Eintritt: 4 - 5,50 Euro. www.diepumpe.de

Auch die **Traum GmbH** (Grasweg 19) verfügt über zwei Säle, in denen sie großes und kleines Arthouse-Kino präsentiert. Nicht nur Woody-Allen-Filme gehören regelmäßig zum Programm, auch skandinavische und asiatische Filme wie „Eine Familie" (Regie: Pernille Fischer Christensen) oder „Love Exposure" (Regie: Sion Sono) waren nur in der ehemaligen Traumfabrik zu sehen. Das Kino wurde sogar vom Bundesbeauftragten für Kultur und Medien für das herausragende Programm ausgezeichnet – mal eine wohltuende

Kiel   endlich
        endlich      Kiel
                endlich

Abwechslung zum massenkompatiblen Filmangebot anderswo! Die Platzwahl ist frei, und wer nach dem Film bei einer warmen Mahlzeit noch reden möchte, kann dies am besten über einer der legendären Steinofenpizzen (s. „Hunger", S. 80). Am Kinotag (Dienstag) kostet der Eintritt 4,90 Euro (sonst 6 Euro). www.traumgmbh.de

Einmal in der Woche macht der **Luna Club** (Bergstr. 17a) eine Verwandlung durch: Anstatt fetter Beats bestimmt das leise Surren des Filmprojektors die Abendunterhaltung. Denn jeden Donnerstag lädt das Medienwissenschaftliche Seminar der Kieler Uni zum „bewegten Abend". Und das Beste ist: Du bestimmst, was geschaut wird! Nach einer kurzen Vorstellung der Filmauswahl wird per Handzeichen abgestimmt – und falls Diskussionsbedarf besteht, hast Du das Fachpersonal gleich an Deiner Seite. Auch sonst ist der Lunaclub einen Abend wert, immerhin wurde er 2012 nach der Frankfurter „Batschkapp" zum zweitbesten Club des Jahres gekürt – Glückwunsch dazu! www.lunaclub.com

Das **STUDIO – Filmtheater am Dreiecksplatz** (Wilhelminenstr. 10) wurde 2009 wiedereröffnet, nachdem es zuvor wegen mangelnder Einnahmen schließen musste. Zwei Kieler Filmliebhabern ist seine Wiederöffnung zu verdanken, und seitdem begeistert es mit kreativer Filmauswahl und Thementagen wie dem O-Ton-Montag und der Sneak-Preview am Mittwoch.

Wenn Du also einen Film gerne im Original siehst, oder wenn Du Überraschungen liebst und zu dem privilegierten Kreis gehören willst, der einen Film schon vor dem offiziellen Kinostart gesehen hat, dann bist Du hier gut aufgehoben. Vom Hollywood-Blockbuster über den Thriller mit pubertierenden Vampiren bis zum tschechischen Coming-of-Age-Drama – alles ist möglich!

Du bist jetzt schon sehr gespannt? Das Neue Studio hat noch was für Dich! Jede Woche findet vor der Sneak-Preview eine Verlosung

von Popcorn, Plakaten und Kinokarten statt. Aber auch ohne die Aussicht auf Geschenke spaziert man immer wieder gerne in das plüschige Kino, in dem die Filmankündigungen wie früher noch per Hand auf der Leuchtanzeige angebracht werden müssen. Eintritt: Erwachsene 7,00 Euro, Schüler und Studenten 6,00 Euro, Sneak-Preview und Kinotag-Filme kosten 5,00 Euro.
www.studio-filmtheater.de

Eine gefühlte Ewigkeit lag es einsam und verlassen in der Holtenauer Straße, bis es aus seinem Dornröschenschlaf erweckt wurde – das **metro-Kino im Schlosshof** (Holtenauer Str. 162-170). Nach einer langen Umbau- und Renovierungspause bietet es dem Publikum nicht nur die neuesten Kinofilme – auch viele Künstler und Comedians treten hier mit ihrem Programm auf. So kann es passieren, dass zur Premiere des Films „Almanya – Willkommen in Deutschland" der Kieler Tatortkommissar Axel Milberg vorbeischaut und Feridun Zaimoglu aus seinem neuesten Roman liest.

Nach einem gelungenen Filmabend in einem der drei Kinosäle mit Retro-Charme kann man sich auch mit Kuchen und Getränken im hauseigenen Café stärken. Und bestenfalls beides miteinander kombinieren, wie beim Sonntagsbrunch mit anschließendem Kinobesuch (s. „Sonntage", S. 150). Die Eintrittspreise betragen zwischen 5 Euro und 7,50 Euro, je nach Wochentag – Kinotag ist dienstags. Den Brunch mit Film gibt es für 15 Euro.
www.metrokino-kiel.de

Alternativer geht es im Kultur- und Kommunikationszentrum **Hansa 48** (Hansastr. 48) zu: Der Hansafilmpalast zeigt einmal wöchentlich einen Spielfilm. Von den Monty-Python-Werken bis zu Ulla Wagners „Entdeckung der Currywurst" kannst Du Dir in uriger Atmosphäre Filme abseits des Mainstreams anschauen.
www.hansa48.de

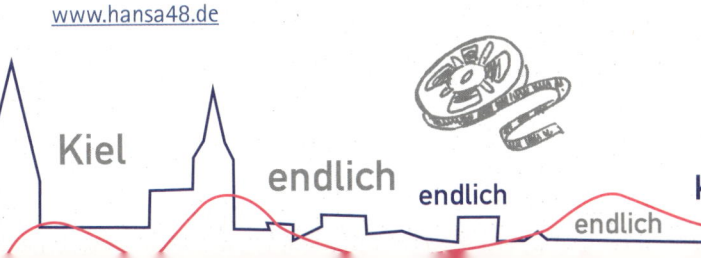

Kiel   endlich   endlich   Kiel

endlich

Klassik **Konzert** Kinosessel
Theater
Poetry-Slam

Und für den schmaleren Geldbeutel gibt es direkt an der Uni Kiel während der Vorlesungszeit preiswertes Kino für 1,50 Euro – jeden Donnerstag im Audimax, dem größten Unihörsaal. Zwar werden hier nicht die allerneuesten Filme gezeigt, dafür gehört charmantes Drumherum wie Pizzabestellungen in der Pause bei Monumentalwerken mit Überlänge oder das Bezahlen des Eintritts mit Pfandflaschen dazu. Legendär ist die jährliche Aufführung der „Feuerzangenbowle" mit anschließender Party und viel, viel Bier. Das aktuelle Programm findest Du hier: www.unifilm.de

Auch der Stadtteil Dietrichsdorf bietet besonderes Kino: den **Mediendom** (Sokratesplatz 6)! Die Fachhochschule Kiel lässt die Zuschauer in ihr Allerheiligstes, ein Kuppelkino mit Liegesitzen und kompletter Rundumsicht, eintreten. Zu Klängen von Pink Floyd durchs All jagen oder die Welt einmal mit Darwins Augen entdecken ist nur hier möglich. Die ganz Kleinen kommen bei speziellen Kinderfilmen wie „Lars, der kleine Eisbär" auf ihre Kosten. Vielleicht sollte man vor der rasanten Reise durchs Universum sicher gehen, dass man schwindelfrei ist – dann steht dem einzigartigen Kinogenuss nichts mehr im Wege. www.fh-kiel.de
--> Campus & Kultur --> Mediendom

Große Filme unterm Sternenzelt: Open-Air-Kino bekommst Du während der Kieler Woche immer kostenlos im Schlosspark zu sehen. Und zwar jeden Tag einen neuen Film.
www.kieler-woche.de
--> Programm

Die Bretter, die die Welt bedeuten

Wenn Dir von dem ganzen Geflimmer die Augen brennen und Du lieber hohe Schauspielkunst live sehen möchtest, hat Kiel, immerhin die Kulturhauptstadt Schleswig-Holsteins, eine weitgefächerte Theaterlandschaft zu bieten. Von Klassikern wie Julius Cäsar, über Krimis à la Hitchcock, Modernem, Musicals wie „Linie 1" und Theater für Kinder und Junggebliebene wie „Der kleine Prinz", gibt es auf den zahlreichen Bühnen eine geradezu riesige Auswahl. Generalintendant des Kieler Theaters ist Daniel Karasek, der Sohn des berühmten Literaturkritikers Hellmuth Karasek. Und wie es sich für einen umsorgenden Vater gehört, schaut der Senior häufig auf einen Vortrag oder ein Glas Wein in den Kieler Theatern vorbei.

Das **Schauspielhaus** in der Holtenauer Straße 103 überrascht immer wieder mit beeindruckend schönem Bühnenbild und einem erstaunlichen Spektrum an Aufführungen. In den zwei Theatersälen nimmt sich Intendant Karasek neben Klassikern wie zum Beispiel Shakespeares „Was ihr wollt" oder Tennessee Williams „Endstation Sehnsucht" ebenso die Inszenierung von „Der kleine Horrorladen" oder auch mal einem Krimi vor. Als Theaterfreund wirst Du diese augenzwinkernden Neuinterpretationen lieben.

www.theater-kiel.de   --> Schauspiel Kiel

Die **Kieler Oper** verbirgt hinter ihrem imposanten, stadtprägenden Äußeren direkt am Kieler Rathaus ein genauso beachtliches Innenleben. Über samtweiche Teppiche gleitet man in die verschiedenen Ränge, um Opernklängen zu lauschen – oder einer Aufführung des neuen Kieler Balletts beizuwohnen.

Kiel   endlich   endlich   Kiel

endlich

Konzert Kinosessel
Klassik
Theater
Poetry-Slam

Auch hier gilt: Keine Angst vor den Klassikern! Mozarts „Cosí fan tutte" zum Beispiel wird natürlich auf Italienisch gegeben, aber dank der Übertitel (eingeblendete Übersetzung oberhalb der Bühne) kann jeder die Handlung mühelos verstehen. Und wer sich noch nicht mit Frauen in Tutus und Männern in sehr engen Seidenhosen befasst hat, sollte dies jetzt unbedingt in Angriff nehmen. Das Kieler Ballett ist absolut sehenswert!

www.theater-kiel.de --> Oper Kiel

Nicht nur für Kinder und Jugendliche ist das **Werftparktheater** (Ostring 187a) in Gaarden auf dem Kieler Ostufer gedacht. Mitten im riesigen, grünen Werftpark erscheint das kleine Theater wie eine fantastische Trutzburg im monotonen Alltag. Unter Norbert Aust, der das Theater schon seit Jahren leitet und selbst immer wieder als Schauspieler auf der Bühne zu sehen ist, sollen auch schwierige Themen wie Sexualität und erste Liebe dem jugendlichen Publikum nahe gebracht werden.

Aber auch Stücke wie Ibsens „Peer Gynt" werden hier erfolgreich aufgeführt. In den gemütlichen kleinen Theaterräumen bist Du dem Geschehen auf der Bühne ganz nah. Ein tolles, kreatives Theater für junge Menschen von 1 bis 99 Jahren. Im Sommer verwandelt sich der Kieler Seefischmarkt auf dem Ostufer für ein paar Wochen in das Open-Air-Theater des Werftparktheaters. Hier ist schon Moby Dick gestrandet und auch Ringelnatzsche Verse konnte man ver-  nehmen. www.theater-kiel.de --> Werftpark Kiel

Immer wieder sommers verwandelt sich der **Innenhof des Kieler Rathauses** in die Wüstenlandschaft des „Kleinen Prinzen". Seit mittlerweile 15 Jahren lässt das Schauspielensemble der Kieler Komödianten den kleinen Jungen mit Hang zur Philosophie wieder lebendig werden. Mit mehrfacher Doppelbesetzung zaubert die Vorstellung immer noch Jung und Alt ein Lächeln aufs Gesicht – solltest Du auf keinen Fall verpassen! Und wenn nicht gerade Som-

mer ist und stattdessen Theaterpause, dann sind die Komödianten in der Wilhelminenstraße 43 zu Hause und bieten kleines, aber feines Theaterprogramm. www.komoedianten.com

Föör allns Kieler Junges un Deerns schall een Besök im plattdüütschen Theoter Pflichtprogramm wiesn ... Wenn Du Dich einmal wie im Hamburger Ohnsorg-Theater fühlen möchtest, bist Du im **Theater am Wilhelmplatz** und bei der dazugehörigen Niederdeutschen Bühne (Wilhelmplatz 2), genau richtig. In plüschiger Atmosphäre wird Altes und Neues aufgeführt – natürlich auf plattdeutsch. Ob spannender Mordfall oder Shakespeare, jedes Genre ist hier vertreten – und bietet auf Platt die Gelegenheit, Bekanntes neu zu entdecken ... Also, los mine Jungs un Deerns! www.nbkiel.de

Falls Du Lust auf anspruchsvolles, tiefgründiges Theater hast, dann ist das **Polnische Theater** (Düppelstr. 61) genau richtig. Ziel des Ensembles ist es, seine Zuschauer zu fordern und so beschäftigen sich die Stücke häufig mit den Abgründen der menschlichen Existenz.

Am 13. Dezember 1981 verhängte der als Hardliner bekannte, polnische Verteidigungsminister Jaruzelski nach langen Auseinandersetzungen zwischen der freien Gewerkschaftsbewegung „Solidarnosc" und den kommunistischen Machthabern das Kriegsrecht. Ausgangssperren, Polizeikontrollen, Panzerpräsenz in den Innenstädten und die Machtübernahme durch das Militär waren die Folge. Viele Polen verließen ihr Land – auch die Mitglieder dieses Ensembles, die im Jahre 1982 das Polnische Theater in Kiel gründeten. Da es nur über 46 Plätze verfügt, ist eine Kartenvorbestellung äußerst sinnvoll. Der Eintrittspreis beträgt 18 Euro, Studenten und Schüler zahlen 11 Euro und Arbeitslose 2 Euro. Geöffnet ist das Theater, das sich in schönen Altbauräumen befindet, donnerstags, freitags und samstags. www.polnisches-theater-kiel.de

Kiel endlich endlich endlich Kiel

Der Sechseckbau des Kieler Studentenwerks stellt das Zuhause **zahlreicher studentischer Theatergruppen** dar. Es gibt jede Menge Gruppen, die jede Menge Stücke zeigen wollen. Daher ist die jeweilige Aufführungsdauer meist auf zwei Wochen beschränkt. Dadurch wird Dir aber auch ein größtmögliches Repertoire geboten. Und mit studentenfreundlichen 5 Euro Eintritt kannst Du während des Semesters richtig viele Vorstellungen ansehen.
www.studententheater-kiel.de

Regelrechte Höhenflüge erlebst Du bei einem Besuch der Spielstätte im Wasserturm. Hoch über dem Stadtteil Ravensberg thront der 1896 errichtete Wasserspeicher und dient als eindrucksvolle Kulisse für das **Lore & Lay Theater** (Niebuhrstr. 5). Als Klassiker und Publikumsliebling gilt der seit 2004 aufgeführte Loriot-Abend mit verschiedenen Szenen einer Ehe. Ansonsten gehört Skurriles und Unterhaltsames zum Repertoire der Theatergruppe. Und nach Ende der Vorstellung hast Du die Möglichkeit, den imposanten Wasserturm im Rahmen einer Führung einmal genauer kennenzulernen.
www.loreundlay-theater.de

Einen ungewöhnlichen Spielort hat auch das **Theater Augenblicke e.V.** gefunden: Die Aufführungen finden im Möbelhaus Dela (Eggerstedtstr. 7-9) statt. Rund 40 Mitglieder, darunter sowohl Amateure als auch professionelle Theatermacher, präsentieren hier anspruchsvolle und moderne Stücke in ungewöhnlichem Ambiente. Vorbestellung empfohlen, denn die Plätze sind begrenzt.
www.theater-augenblicke.de

Da ist Musik drin

Wenn Du einfach mal die Augen schließen und zuhören oder auch richtig abfeiern möchtest, bietet Dir Kiel als Konzertstadt einen bunten Strauß an Möglichkeiten. Ob klein und fein oder im ganz großen Stil – die Stadt hat für jeden (Musik-) Geschmack etwas zu bieten.

Fangen wir mit der **Sparkassen-Arena** (Europaplatz 1) an. Die ehemalige Ostseehalle lockt neben Handballfans auch Musikinteressierte und Feierwütige an. Von Helene Fischer über Mario Barth bis zu den Ärzten oder James Blunt, für jeden Geschmack ist was dabei. Während der Handballsaison wird die Sparkassen-Arena übrigens zur Heimhalle des unbesiegbaren THW Kiel.
www.sparkassen-arena-kiel.de

Weltklassegeiger, bekannte Comediens, A-Capella Bands und, und, und treten im **Kieler Schloss** (Wall 74) auf. Lasst euch von dem wenig schlossgemäßen Äußeren nicht abschrecken und wagt einen Schritt ins eindrucksvolle Innere. www.kielerschloss.de

Nach Kaffee und Kuchen lohnt es sich immer, noch ein paar Stündchen im **Café Prinz Willy** (Lutherstr. 9) sitzen zu bleiben. Denn näher ran geht nicht: In gemütlicher Wohnzimmeratmosphäre trifft man im Prinz Willy auf kleine, aber feine Bands aus Deutschland, Skandinavien, Amerika und dem Rest der großen weiten Welt. Eintritt ist immer frei, am Ende wird mit dem Hut rumgegangen. Und falls der Platz drinnen nicht ausreicht, werden die Feste in

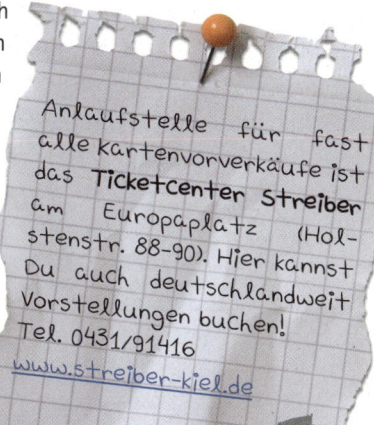

Anlaufstelle für fast alle Kartenvorverkäufe ist das **Ticketcenter Streiber** am Europaplatz (Holstenstr. 88-90). Hier kannst Du auch deutschlandweit Vorstellungen buchen!
Tel. 0431/91416
www.streiber-kiel.de

Kiel   endlich   endlich   Kiel
                                    endlich

Konzert Kinosessel
Klassik
Theater
Poetry-Slam

lauen Sommernächten einfach auf den Bürgersteig ausgedehnt. Auch kleine Musikfestivals finden im Prinz Willy statt, stets unterstützt von der Surfschule Tatort Hawaii. Tipp: Hier bekommst Du die kultigen Strickmützen der Surfercrew.
www.prinzwilly.de

Wenn in der **Schaubude** (Legienstr. 40) aufgespielt wird, dann heißt das Schwitzen bis zum Abwinken. Zum einen ist nicht viel Platz rund um die Mini-Bühne, zum anderen heizen Bands aus der Metal-, Punk- und Hardcore-Ecke den Besuchern ordentlich ein. Rechtzeitig da sein ist hier die Devise, um noch einen Platz in den vorderen Reihen oder zumindest drinnen zu ergattern. Denn der Rest muss draußen auf dem Bürgersteig feiern.
www.kieler-schaubude.de

Seit 1979 prägt die **Pumpe** (Haßstr. 22) das Kieler Kulturleben (s. auch „Ganz großes Kino", S. 181). Mit Kino, Party, Gruppenräumen und natürlich Bandauftritten. Punkurgesteine wie „Dritte Wahl", die Meute von „Bonaparte", „Jaya the Cat" und „Johnossi" fühlen sich offensichtlich wohl im rauen Ambiente des ehemaligen Pumpenwerks. Hier sind die Konzerte zum Anfassen und Mitschwitzen, denn die Bands legen sich richtig ins Zeug für Dich.
www.diepumpe.de

Dann gibt es da noch das **Max** (Eichhofstr. 1). In theaterähnlicher Atmosphäre spielten hier im Club schon Bands wie „The Subways", „Element of Crime" oder die „Beatsteaks". Auch Wladimir Kaminer hat vor Ort aus seinen neusten Werken gelesen und Helge Schneider kalauert über die Bühne. Angenehme Größe für einen Konzertsaal und wer lieber etwas ruhiger stehen möchte, kann von den oberen Balkonen zum Fußvolk hinunterschauen.
www.max-kiel.de

Im Sommer verwandelt sich die **Krusenkoppel** (Düsternbrooker Weg 81), Schleswig-Holsteins zweitgrößte (Freilicht-)Bühne mit über 2.200 Sitzplätzen, nicht nur in einen riesigen Open-Air-Spielplatz, im angrenzenden „Amphitheater" finden außerdem im Rahmen des Kultursommers Lesungen und Konzerte statt. Ob Ina Müller oder die Wise Guys – unter offenem Himmel lässt es sich doppelt gut auftreten. Kleiner Tipp: Bring Dir ein Sitzkissen und eine Decke mit, denn die Nächte am Wasser sind mitunter recht frisch. www.freilichtbuehne-kiel.de

Im politischen Kommunikations- und Kulturzentrum **Alte Meierei** (Hornheimer Weg 2) gibt es neben einem Wohnprojekt, Werkstätten und politischen Treffs auch immer wieder Platz für unkonventionelle Bands. Bei Punkrock von „The Adolescents" aus Kalifornien oder „The Class War Kids" und Ska von „Sexto Sol" bleibt kein Haupt ungeschüttelt und kein Tanzbein unbewegt. www.altemeierei.de

Direkt am Wasser liegt der **Blaue Engel** (Kaistr. 47), der vor allem für Jazz-Fans eine große musikalische Auswahl bietet. Legendär ist der Blaue Montag, bei dem von Tango über Theater bis zu Bühnendebüts alles vertreten ist – also lass Dich überraschen. Aber auch Chansons und Swing kommen im Blauen Engel nicht zu kurz. Hier bist Du aufgefordert, vor einmaliger Kulisse selbst die Hüften zu schwingen. www.blauerengel-kiel.de

An einem der schönsten Panoramakais der Welt den Blick auf den Holtenauer Leuchtturm genießen? Das kannst Du im **Schiffercafé** (Tiessenkai 9). In gemütlicher Atmosphäre tanzt Du hier auf „Kiels kleinster Tanzfläche" Tango – bei gutem Wetter sorgen die Außenlautsprecher für südamerikanische Stimmung. Das hat dem kleinen Café bereits eine Hauptrolle im Tatort „Einsame Herzen" eingebracht. www.schiffercafe-kiel.de

Kiel

endlich endlich

endlich

Kiel

Lieber Lesen

Manchmal ist es einfach an der Zeit, wieder mal ein gutes Buch zur Hand zu nehmen – es sei denn, Du lässt Dir lieber was vorlesen. Auch das geht in Kiel:

Malerisch gelegen im Alten Botanischen Garten liegt das **Kieler Literaturhaus** (Schwanenweg 13). Renommierte Autoren finden immer wieder den Weg nach Kiel, um in schöner Umgebung etwas aus ihren neuesten Werken vorzutragen. Eine besondere Empfehlung ist die Leselounge des literarischen Seminars der Uni. Nach der Vorstellung zweier Jungautoren darf im Literaturhaus der Tanzboden strapaziert werden – und das meist bis zum frühen Morgen.

www.literaturhaus-sh.de

Im **metro-Kino** (siehe auch „Ganz großes Kino", S. 183) finden regelmäßig Lesungen statt, sowohl Heinz Strunk als auch Harry Rowohlt und Lokalmatador Feridun Zaimoglu haben sich dort bereits die Ehre gegeben. Mehr Infos: www.metrokino-kiel.de

Ab und an bietet auch die kleine **TragBar** (Holtenauer Str. 174) Lesungen in Caféambiente an und in den großen Buchhandlungen finden ebenfalls regelmäßig Autorenlesungen statt. Aushänge gibt es immer rechtzeitig in den Schaufenstern. www.tragbar-kiel.de

Das gesprochene Wort kommt in Kiel auch an anderer Stelle nicht zu kurz: Der Poetry-Slam ist mittlerweile eine feste Institution im Kieler Nachtleben und gastierte schon an den unterschiedlichsten Orten (bei der Telefongesellschaft TNG oder im Kuppelkino der Fachhochschule). „Assemble Art", Veranstaltungs- und Künstleragentur, organisiert den ältesten Poetry-Slam Schleswig–Holsteins jeden zweiten Donnerstag im Monat im Roten Salon in der **Pumpe** (Haßstr. 22).

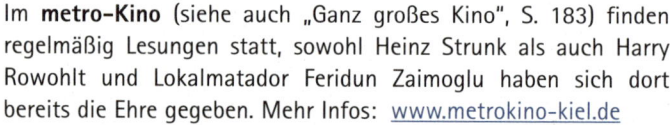

Unter der Federführung von Björn Högdsahl entstehen völlig neue Slam-Konzepte wie das Pinselduell, Science oder Jazz-Slam. Lass Dich überraschen! www.assembleART.com

Extra groß: Kultur im Festival-Format

Nicht nur die Kieler Woche (mehr dazu im Kapitel „feste Feste", S. 199) bietet etwas für Kulturhungrige – auch viele Festivals versprechen ein prall gefülltes Programm, das jedem Geschmack gerecht wird.

Kurzfilmfestival: Im Herbst lässt das Kieler metro-Kino einmal die kleinen Filme über die große Leinwand flimmern. Ein ganzes Wochenende lang kannst Du Dir mit regionalen und internationalen Kurzfilmen die Zeit vertreiben. Und ein Stündchen für den Plausch mit den Filmemachern bleibt auch noch. Wegen der begrenzten Platzzahl gilt es, möglichst früh Karten zu besorgen. www.metrokino-kiel.de

Bootshafensommer: Von Ende Juli bis Ende August verwandelt sich der Kieler Bootshafen an fünf Wochenenden in eine schwimmende Bühne. Bands aus Kiel und dem Umland singen sich vor maritimem Ambiente die Seele aus dem Leib, und Du kannst auf den einladenden Ufertreppen Platz nehmen und kostenlos daran teilhaben. www.kiel-sailing-city.de --> Veranstaltungen --> Innenstadt-Events

Kieler Kultursommer: Unter diesem Motto bieten rund 40 Veranstalter in und um Kiel spannende und unterhaltsame Kulturveranstaltungen für Groß und Klein. Theaterstücke, Landtagsführungen op platt oder Musicals für die ganz Kleinen sorgen

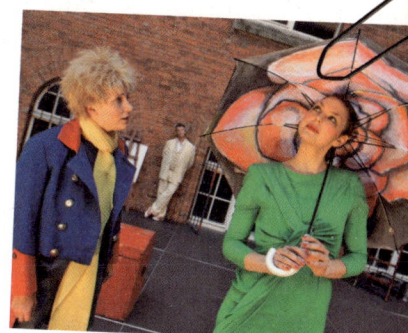

dafür, dass der Kieler Sommer, zumindest kulturell, nicht ins Wasser fällt. Für das Wetter kann ja keiner was. Mehr Infos: www.kultursommer-kiel.de

Schleswig–Holstein Musikfestival: Noch ein Event der Spitzenklasse findet im schönen Land zwischen den Meeren statt: Das Schleswig-Holstein-Musikfestival, ein Highlight der internationalen klassischen Musikszene! An über 40 Spielorten von Kiel bis Hamburg kommen Klassikfans bei mehr als 120 Kon-

zerten auf ihre Kosten. Musiziert wird an ungewöhnlichen Plätzen wie in Gutshäusern, Schlössern oder Scheunen. Jedes Jahr liegt der Schwerpunkt des Festivals auf einer anderen Nation. Hier spielen die ganz großen Stars der Klassik auf. www.shmf.de

Duckstein Festival: Das schönste Panorama hat wohl das Duckstein-Festival zu bieten. Direkt am Ende der Hörn gelegen, spielen die Künstler vor einer einmaligen Kulisse auf der Wasserbühne.

Atemberaubende Akrobatik, Zwerchfell-strapazierende Komik und Gänsehaut verursachende Konzerte lassen Dir das Herz aufgehen. Und auch hier gilt: Mucke für umme – der Eintritt ist frei! www.duckstein-festival.de

Museumsnacht Kiel: Ende August locken die Kieler Museen mit der Museumsnacht. In allen Museen finden Veranstaltungen von Tanz über Aktionskunst und Lesungen bis zu Konzerten statt und Busshuttles und Fördedampfer bringen Dich heil von Ost nach West. Bei der Abschlussparty, die gleichzeitig das Ende des Kieler Kultursommers markiert, wird gefeiert bis die Sonne wieder über der Förde aufgeht. www.museumsnacht-kiel.de

Kulturrausch! Jeden März heißt es wieder: Alle Sinne sind im Kulturrausch. Eingeläutet wird die kulturelle Jahreszeit mit der Nacht der Clubs, bei der in sämtlichen Kieler Partystätten Live-Acts und Aktionen wie Vernissagen, Bastelworkshops für Kinder oder Poetry-Dinner auf Dich warten. www.kultur-rausch.de

Campus Summer Open Air: Bands wie „One Fine Day" und „Rantanplan" spielen auf dem Parkdeck des IPN (Leibniz-Institut für die Pädagogik der Naturwissenschaften und Mathematik) an der Uni Kiel. Für sagenhaft günstige 7 Euro (VVK) bekommst Du auf dem Asphalt ein richtiges kleines, feines, „rustikales" Festival geboten, auch mit Newcomern wie „Elephantparty" und Lokalmatadoren wie „Tequila and the Sunrise Gang." Dass Feierlaune herrscht, versteht sich hier von selbst. www.myspace.com/campusopenair

Kieler Blues Festival: Männer mit Gitarren, einzigartige Stimmen und ein Sound, der einem das Herz aufgehen lässt. Im Februar heißt es in der Kieler Räucherei wieder: Bühne frei für das Internationale Blues Festival! Die Akteure kommen aus Amerika und England, um ein kleines bisschen Wehmut an die Kieler Förde zu bringen. Karten im VVK: 23 Euro.
www.festivalticker.de/festivals/kieler_blues_festival

Du magst es eher gesellig und gediegen? Dann schau' mal ins Kapitel „feste Feste" (S. 196)!

Kiel

endlich   endlich

Musik

Musik

Bierbank

Musik

Straßenfest Feiern

Straßenfes

endlich

Feie

Musik

feste Feste
Feste
feste
Feste
feste Feste

Musik
Bierbank Bierbank
Musik
Musik **Bierbank**
Musik **Feiern** Feiern
usik
rn
bank
Bierbank Straßenfest
Musik Straßenfest
Feiern **Straßenfest**

Wenn es sich der Alltagstrott mal wieder auf Deiner Couch bequem gemacht hat und irgendwie alles langweilig ist, dann wird's Zeit für etwas Abwechslung. Da reicht weder die Lieblingskneipe, noch ein Clubbesuch oder ein neues Theaterstück auf einer der Kieler Bühnen. Manchmal muss es schon etwas mehr sein. Zum Glück gibt's in Kiel viele Gründe, um Feste zu feiern, die auch den letzten Sofa-Surfer raus ins Freie locken.

Kieler Umschlag

Der Kieler Umschlag bietet Dir eine willkommene Abwechslung zum tristen Winterwetter. Bereits im 16. Jahrhundert fand der erste Umschlag statt – nämlich als Kiel aus der Hanse ausgeschlossen wurde. Mit ihm ersetzten die Bewohner den nun fehlenden Markt, damit sie auch weiterhin ihre Waren an den Mann bringen konnten.

Jedes Jahr am letzten Februar-Wochenende wird ein mittelalterliches Dorf am Alten Markt in der Nähe der Kieler Brauerei aufgebaut. So feiern die Kieler bis heute den Umschlag und gedenken jährlich des volksnahen Alt-Bürgermeisters Asmus Bremer, der zu Beginn des 18. Jahrhunderts in der Stadt wirkte. Seiner und seines dreieckigen Hutes. Der war zu jener Zeit groß in Mode! Modelle von ihm kannst Du an einer der vielen Buden bekommen, um Dich dann auf eine Zeitreise zu begeben: An historischen Ständen werden traditionell gefertigte Güter aus Leder und Holz angeboten. Vielleicht möchtest Du aber auch Met aus einem Trinkhorn genießen - den passenden Hut hast Du ja bereits!

Bei der mittelalterlichen Schmiede bekommst Du die Chance, selbst einmal Hand anzulegen und Dich einem ganz heißen Eisen zu widmen. Oder Du schaust Dir den frühneuzeitlichen Handwerkerumzug an – einen der Höhepunkte der ganzen Veranstaltung.

Feiern
Musik
Sommer
Bierbank
Straßenfest
//199

Für Unterhaltung sorgt aber nicht nur der Blick zurück in die Geschichte: Auf dem Asmus-Bremer-Platz wird musiziert, Fahrgeschäfte aus dem 21. Jahrhundert wollen geentert werden, und zu essen und zu trinken kriegst Du hier natürlich auch was.
www.kieler-umschlag.de

Kieler Woche – das schönste Fest der Welt

Was wäre Kiel ohne seine Kieler Woche? Seit über 125 Jahren feiert man nun schon das größte Segelsportereignis der Welt und das größte Sommerfest in Nordeuropa. Die Segelwettkämpfe bringen

jedes Jahr die notwendige Spannung, während das Rahmenprogramm mit Konzerten, dem Internationalen Markt und vielen weiteren Attraktionen für Unterhaltung sorgt. Diese eine Woche ist nicht nur für die Kieler ein spektakuläres Ereignis, sie lockt auch jedes Jahr eine Menge Schaulustige nach Kiel.

In der letzten Juniwoche treiben sich hier Besucher aus der ganzen Welt herum. Segelboote aus über 50 Ländern nehmen an den Regatten in der Außen- und Innenförde teil, bis zu 2000 Schiffe gehen an den Start. Die Vielfalt, die Du hier zu sehen bekommst, ist einfach beeindruckend. Nicht nur Sportschiffe und kleine Segelboote kann man bestaunen, sondern auch alte Hansekoggen, Segelschulschiffe der russischen Marine oder alte Kutter schippern am interessierten Publikum vorbei.

Kiel
endlich
endlich
endlich
Kiel

Wer ganz nah am Geschehen sein möchte, kann sich auf der MS Hamburg einschiffen, die als einziges Motorboot mitfahren darf. Auch die Windjammerparade, die am zweiten Sonnabend der KiWo stattfindet, darf man sich auf keinen Fall entgehen lassen:

Alle Segelschiffe, die zu dieser Zeit im Kieler Hafengebiet vor Anker liegen, nehmen daran teil. Der Anblick der an Dir vorbeiziehenden schein- bar unendlich vielen Se- gel ist unbeschreiblich! Das Ufer wird dabei zur voll besetzten Tribüne.

Aber auch das jährliche Rahmenprogramm der Kieler Woche kann sich sehen lassen. Um die Hörn, die Kiellinie rauf und mitten in der Stadt findet man zahlreiche Buden und Attraktionen. Auf über einem Dutzend Bühnen sind internationale Künstler zu sehen und zu hören, deren unterschiedliche Stile beinahe jeden Musikge- schmack treffen:

Ob Rock, Schlager, Blues, Pop, Coun- try, Hip-Hop, Jazz oder Oldies, für jeden ist etwas dabei. An manchen Tagen kann man gar nicht schnell genug von einer Bühne zur anderen hechten, um sich alle seine Lieb- lingskünstler anzuhören, denn mit über 300 Konzerten fällt die Wahl manchmal schwer.

Geschwister klops

Feiern
Musik
Sommer
Bierbank
Straßenfest
//201

Ein weiteres Highlight ist das Open-Air-Kino im Schlosspark: Schnapp Dir einfach Deine Picknick-Decke und genieße einen Kinofilm unter freiem Sternenhimmel. Im Gegensatz zu den Multikinos darfst Du Deinen eigenen Imbiss und eigene Getränke mitbringen.

Natürlich duftet es während der KiWo wie bei jedem anderen Volksfest überall nach Pizza, Pommes, Currywurst und Crêpes. Aber auch kulinarische Besonderheiten hat die Kieler Woche in Hülle und Fülle zu bieten. Suchst Du den echten exotischen Genuss, dann solltest Du auf dem Internationalen Markt vor dem Rathaus aus dem reichhaltigen Angebot von Spezialitäten verschiedener Länder etwas probieren. Innerhalb weniger Stunden kannst Du Deinen Gaumen auf eine Weltreise schicken – vorausgesetzt, Appetit und Fassungsvermögen Deines Magens sind groß genug.

Gesünder und genussvoller wäre es vielleicht, diese kulinarische Reise über die Gesamtdauer der KiWo auszudehnen, denn polnische Piroggen, ruandische Krokodilspieße, pakistanische Pakoras, französische Flammkuchen und norwegische Elchburger sind schon eine wilde Mischung! Wer dann auch noch die Delikatessen in der entsprechenden Landessprache bestellen möchte, kann außerdem an kostenlosen Sprachkursen teilnehmen.

Damit man beim Genießen etwas von der jeweiligen Kultur mitbekommt, gibt es auf der Bühne vor dem Rathaus ein Unterhaltungsprogramm, das nicht nur folkloristische Darbietungen aus den teilnehmenden Ländern bereithält. Auch landestypischer Pop oder Kleinkunst werden dem Publikum präsentiert.

Kiel
endlich
endlich
Kiel
endlich

Musik Wein Straßenfest
Sommer
Bierbank

Und natürlich kommt das Kunsthandwerk auf dem Internationalen Markt ebenfalls nicht zu kurz: Beeindruckende Artefakte – angefangen vom argentinischen Poncho über litauischen Bernsteinschmuck bis zum tschechischen Kristallglas – stehen zum Verkauf.

Für die Kleinen gibt es ein Extraprogramm: Neben Karussell- und Bootsfahrten stehen Schminkbuden, Zopfflechterinnen und Slush-Eis-Stände an jeder Ecke. Aber der Höhepunkt für die Kids ist die Spiellinie auf der Krusenkoppel, die jedes Jahr ein großes Kinder-Kultur-Programm im Freien bietet. Hier bauen, malen und basteln sich die Kinder ihre eigene Welt. Eine tolle Alternative zu den Hüpfburgen und Zaubershows, die natürlich auch nicht fehlen dürfen.

Beendet wird die KiWo dann sonntags mit einem großen Feuerwerk, das über die Förde geschossen wird. Nachteile bei der KiWo? Ja, leider gibt's auch die. Die Parkplatzsuche ist geradezu hoffnungslos, Taxis sind selten zu kriegen, und das Geld wird sehr schnell knapp, wenn's an jeder Ecke was Leckeres zu essen gibt, Du die Cocktails und Fruchtbowlen einfach nicht links liegen lassen kannst und auf gar keinen Fall auf das spektakuläre Erlebnis einer KiWo-Schifffahrt verzichten willst. www.kielerwoche.de

Überblick verloren?

Kein Problem, schwing Dich einfach auf das Riesenrad, gönn Dir ein paar entspannende Runden, genieße die Aussicht, und schon ist der Orientierungssinn wieder intakt.

Fest der Biere

Das Fest der Biere findet seit fünf Jahren immer am Himmelfahrts-Wochenende statt. An diesen Tagen kannst Du am Bootshafen den optimalen Biergenuss erleben, von Flaschenbieren aus aller Welt bis zum traditionell gebrauten Klosterbier aus Belgien ist da einiges an Braukunst zu kosten. Auch die Forstbaumschule lässt es sich nicht nehmen, ihre berühmt-berüchtigte Altbierbowle anzubieten. Natürlich wird beim Durst-Löschen für Unterhaltung gesorgt: Auf einer schwimmenden Bühne versprühen Newcomer- und Cover-bands ihren ganz eigenen Charme. www.eventbuero-kiel.de

--> Events & Veranstaltungen --> Fest der Biere

Honky Tonk

Das Honky Tonk ist ein Kneipenfest, das in vielen Städten in ganz Deutschland veranstaltet wird. Da darf Kiel natürlich nicht fehlen. Eine Nacht lang steht die Stadt kopf. Die Idee dahinter: Mit einem einmalig zu entrichtenden Eintrittsgeld kann man alle Kneipen, Bars, Lokale und Clubs betreten. So wird die ganze Stadt für Dich zu einem einzigen großen Dancefloor. Damit die Feierlaunigen nichts verpassen, werden sie von Shuttlebussen zu den verschiedenen Locations gebracht, wo der Spaß dann nahtlos weitergehen kann. www.honky-tonk.de

Kiel   endlich   endlich   Kiel
endlich

Kirche
Kirche
Universität
Sittenverfall
Teufel
Sittenverfall
Kirche
Teufel
Universität
endlich!
Teufel
Teufel
Kirche
Sittenverfall
Universität
Sittenverfall

Eine Stadt am Meer: Wellen verlaufen im Sand, Schiffe schaukeln im Wind, Möwen kreischen in der Luft bei stürmisch-grauem Wetter. Erzeugt das nicht die ideale Stimmung, die einen an Seeungeheuer, Meerjungfrauen und verborgene Schätze denken lässt? Leider gab es in Kiel aber kaum Piraten und Säbelgerassel. Trotzdem kursieren so einige finstere und kuriose Geschichten, die sich um diese Stadt und ihre Bewohner ranken.

Die Uni und der Sittenverfall

Das wachsende Bildungsbedürfnis in der Zeit der Reformation und der Aufklärung führte zur Gründung einer Universität in Kiel (im Jahr 1665) – und zwar im alten Stadtkloster. Die Bürger wehrten sich aber zunächst gegen die Pläne, da sie den Verfall der Sitten durch die Studenten fürchteten. Die Uni wurde trotzdem gegründet und vielleicht sollte ihr Motto tatsächlich nicht nur an das Ende des Dreißigjährigen Krieges erinnern, sondern auch die braven Bürger beruhigen und die wildesten Auswüchse des Studentenlebens verhindern: „Pax optima rerum" ist auf dem Universitäts-Siegel zu lesen („Frieden ist das höchste der Güter").

Ausufernde Partys wurden aber natürlich trotzdem gefeiert, und auch heute gibt's jedes Semester genügend Gelegenheiten, über die Stränge zu schlagen. Die Kieler haben die Uni-Gründung übrigens trotz des ursprünglichen Widerstands nie bereut, schließlich ist die Christian-Albrechts-Universität schon lange der größte Arbeitgeber der Stadt.

s. „Feiern", S. 134

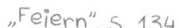

Der Teufel in der Kirche

Selbst wenn einem die Legende nicht bekannt ist, sollte man die Nikolaikirche, allein ihrer Schönheit wegen, mal betreten haben. Doch macht der unheimliche Mythos, der sich um sie rankt, einen Kirchgang umso spannender: Vor vielen, vielen Jahren hatten einmal ein paar Chorknaben keine Lust zu singen und dem Gottesdienst andächtig beizuwohnen. Stattdessen versteckten sie sich hinter der Orgel und spielten Karten.

Während des Kartenspiels fluchte einer der Knaben ganz fürchterlich. Dies sah der Teufel, der schon am Fenster auf eine arme Seele gelauert hatte, als willkommene Gelegenheit. Er fuhr mit großem Gekreische in die Kirche hinein, schnappte sich den Jungen und presste ihm das Leben aus dem Leib. Das Blut schoss dem armen Kerl aus den Ohren und spritzte an die Wand. Der Teufel entschwand mit seinem Opfer durch ein Fenster, das sich – so die Legende – auch heute nicht neu einsetzen lässt. Jeder Versuch endet damit, dass es zerspringt, und auch der Blutfleck kann noch immer nicht übertüncht werden ...

Zur Kieler Woche regnet es immer!

Während borniere Süddeutsche vielleicht vermuten, dass es in Kiel sowieso immer regnet, wissen die Kieler natürlich, dass in ihrer Stadt doch ziemlich oft die Sonne scheint. Abergläubische Zeitgenossen bestehen aber auf eine ganz bestimmte Regel: Sie sind sich sicher, dass die letzte Juni-Woche in Kiel einfach immer verregnet ist – egal wie das Wetter im übrigen Deutschland aussieht. Und es ist bestimmt auch kein Zufall, dass ausgerechnet dann jedes Jahr die Kieler Woche stattfindet.

Kiel   endlich   endlich   Kiel   endlich

Kirche
Universität Teufel
Sittenverfall

Meteorologische Daten sprechen zwar eigentlich nicht dafür, dass speziell die Kieler Woche den meisten Regen abbekommt – der fällt nämlich im Juli – aber was helfen schon Wetterdaten, wenn man am Eröffnungswochenende des größten Segelsport-Ereignisses der Welt von Sturm und Regen heimgesucht wird?

Umso unglaublicher sind die Ausnahmen: So gab es im Jahr 2010 herrliches Wetter, das die Begeisterung für Segeltouren, Freilicht-konzerte und buntes Treiben ganz besonders angeheizt hat. Aber auch ohne das gute Wetter macht die KiWo immer Spaß. Und in grellfarbenen Regenjacken verliert man seine Begleiter wenigstens nicht so schnell.

Kiel ist platt wie 'ne Flunder

Hierbei handelt es sich um einen großen Mythos, der nur von Men-schen erzählt wird, die noch nie in der Stadt waren oder über eine sehr eigene Definition des Wortes „flach" verfügen. Denn Kiel ist alles andere als platt. Es gibt kaum eine Straße, die nicht wenig-stens eine geringe Steigung aufweist. Die „Bergstraße" deutet sogar schon in ihrem Namen auf diesen Umstand hin. Gleich hier beginnt auch die Holsteinische Schweiz, die ihren Namen wohl nicht von ungefähr bekommen haben dürfte.

Ob zu Fuß oder mit dem Rad, die bergigen Straßen sorgen also schon ganz von allein für eine bessere Kon-dition und ersparen somit das Geld fürs Fitnessstudio. Auch geografische Daten stützen diese Alltagserfah-rung: Während die Innenstadt

Berge an der Förde?

tatsächlich mickrige fünf Meter über dem Meeresspiegel liegt, erhebt sich Kiels höchster „Gipfel", der Wohlersberg, ganze 74,2 m in die Höhe. Dumm nur, dass die Definition von „Flachland" alles einschließt, was weniger als 200 Höhenmeter Unterschied zwischen höchstem und tiefstem Punkt aufweist ...

Der heilige Hirsch in Preetz

Es war einmal der Graf Albrecht von Orlamünde, der die Jagd angeblich noch mehr als seine eigene Frau liebte. Eines Tages fand er in einem Wald einen besonders schönen Hirsch, den er unbedingt als Trophäe haben wollte. Doch das gehörnte Tier ließ sich nicht so einfach erlegen und der Graf verfolgte es quer durch die Wälder. Als der Hirsch unter einer großen Eiche Halt machte, drehte er sich zu dem Grafen um, und inmitten seines prächtigen Geweihs zeigte sich ein goldenes, glänzendes Kreuz.

Herr von Orlamünde, der bereits zum Schuss angelegt hatte, erstarrte und erkannte, dass er sich an einem heiligen Ort befand. Ob Die Errichtung des Adeligen Klosters Preetz, das von Kiel keine 10 km entfernt liegt, tatsächlich auf dieser Legende beruht, lässt sich nicht belegen. Um heilige Hirsche geht es dort heute jedenfalls wohl nicht mehr: Vom Kloster aus wird der Preetzer Wildspezialitäten-Handel betrieben!

Die Gorch Fock

Gorch Fock ist ein Schriftsteller aus dem frühen 20. Jahrhundert, der eigentlich Johann Kienau hieß. Sein bekanntester Roman heißt „Seefahrt ist not!", aber auch Kriegsgedichte und Tagebuchblätter entstanden aus seiner Feder.

Als Sohn eines Fischers war es sein größter Wunsch, selbst einmal zur See zur fahren. Durch seinen schmächtigen Wuchs kam er jedoch dafür nicht infrage und arbeitete stattdessen als Kaufmannsgehilfe. Sein Wunsch ging erst im Ersten Weltkrieg in Erfüllung, als er als Soldat das Segelschiff SMS Wiesbaden betrat. Doch endete sein Traum tragisch. Bei der Schlacht am Skagerrak ging das Schiff unter und er ertrank.

Die Marine nannte nach dem Untergang ihres Seegelschulschiffes „Niboe 1932" ihr neues Schulschiff „Gorch Fock", in Gedenken an den Schriftsteller. Dieses Segelschiff wurde im Jahre 1933 gebaut und überstand sogar den Zweiten Weltkrieg im Hafen von Stralsund. Als das Segelschiff nach Kriegsende aus dem Sund fahren wollte, traf es auf eine Miene und sank.

Aber auch sein Nachfolger wurde wieder „Gorch Fock" getauft und hat in Kiel seinen heimatlichen Hafen. Leider sorgt es in der letzten Zeit für einige negative Schlagzeilen. Das tut der imposanten Erscheinung des schönen dreimastigen Segelschiffs aber keinen Abbruch – auch wenn es zur Zeit nicht auf See fährt.

Störtebeker zu Besuch in der Kieler Förde?

Der trinkfeste Freibeuter, dessen Name angeblich auf das nieder-deutsche „stürz` den Becher" zurückgeht, dürfte wohl jedem ein Begriff sein. Eine Legende besagt tatsächlich, dass der Pirat mit sei-nen rauhen Mannen auf der Burg bei Bülk, am Westufer der Kieler Förde, gehaust hat, um von dort die Umgebung zu erkunden. „Quatsch!" meinen die Historiker. Aber so leicht lassen wir uns schließlich kein schönes Gruselmärchen verderben ...

In Kieler Bussen wird nie die Fahrkarte kontrolliert

Dieser Mythos hält sich bei einigen Menschen hartnäckig. Doch das stimmt nicht. Jeden Abend ab 20.00 Uhr darf man in den Bus nur noch nach Vorzeigen der Fahrkar-te einsteigen. Und sogar tagsüber werden die langen Vehikel in aller Regelmäßigkeit von Kon-trolleuren „heimgesucht". Auch wenn es tatsächlich Leute geben soll, die in drei oder vier Jahren (oder sogar gar ihr gan-zes Leben) noch nicht kontrol-liert wurden, weiß die Autorin es besser. Ihr passiert es näm-lich fast jeden Monat.

Die Stadtgründung

Anfang des 13. Jahrhunderts wurde ein Franziskanerkloster an der Bucht gebaut, um das herum eine Ansiedlung von Häusern und Dörfern entstand, die bald den alten Stadtkern Kiels bildeten.

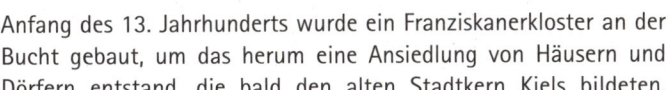

Kiel endlich endlich Kiel endlich

Eigentlich bezeichnete man das Wasser als „Kyle" und die entstandene Siedlung wurde als „tom Kyle" bezeichnet (wörtlich: zum Kiel).

Das Kloster soll nach der Legende Graf Adolf IV von Schauenburg gegründet haben, da er der Heiligen Mutter Maria versprochen hatte, in ein solches einzutreten, wenn er die Schlacht gegen den dänischen König Waldemar II. gewinnen würde. Als er nun einen Sieg in der Schlacht von Bornhöved im Jahre 1227 errang, baute er das Franziskanerkloster, um sein Versprechen einzuhalten. Der Graf lebte von 1239 bis zu seinem Tod in dem Kloster. Die Stadt selber trat zwar in die legendäre Gemeinschaft der Hanse ein, blieb aber in ihrer Bedeutung weit hinter Lübeck und Flensburg zurück.

Der THW ist unbesiegbar

Man könnte durchaus den Eindruck bekommen, dass der THW sämtliche Handballspiele gewinnt. Die größten Erfolge waren: Deutscher Meister (16x), Deutscher Pokalsieger (7x), Supercup-Gewinner (5x), Champions-League-Sieger (2x) und, und, und.

2007 ist dem THW der ganz große Coup gelungen: Neben der 13. (!) Deutschen Meisterschaft haben sie in diesem Jahr den DHB-Pokal und den Triumph in der Champions League eingesammelt. Richtig unheimlich wurde es dann 2012: Nicht nur das „Triple" haben sie abgesahnt, die Meisterschaft wurde ohne einen einzigen Punktverlust (68:0 Punkte!) hingezaubert. Legendär war natürlich auch die anschließende Feier ...

s. „Feiern", S. 142

Leider gab's in letzter Zeit auch ein paar Bestechungsverdächtigungen ... Und was sagen die Fans? Denen ist das egal, denn die Mannschaft liefert einwandfreie Spiele, das Stadion bebt und auch in seiner Wohnung bekommt man jedes Tor des Vereins mit, wenn die THW-verrückten Nachbarn in laute Jubelgesänge ausbrechen.

Auch kickenden Störchen bringt die 3 Glück

Wer einem anständigen Aberglauben huldigt, der weiß, dass die 3 eine magische Zahl ist. Manchmal scheint da auch wirklich was dran zu sein: Dreimal in Folge waren die Fußballer von Holstein Kiel beim Titelkampf um die deutsche Meisterschaft dabei. Das liegt zwar schon ein paar Jährchen zurück, aber im dritten Anlauf im Jahr 1912 haben die Kieler Störche Überflieger-Qualitäten gezeigt:

Vor redkordverdächtigen 10.000 Zuschauern verwandelte Ernst Möller am 26. Mai 1912 einen Elfmeter gegen den Karlsruher FV. Mit dem Gewinn der Deutschen Meisterschaft wurde tatsächlich auch in Kiel Fußballgeschichte geschrieben. Leider ist dieser Sieg im doppelten Sinne historisch: Er war nicht nur sensationell, er ist auch einmalig geblieben.

Toll wäre natürlich eine Wiederholung nach 100 Jahren gewesen. Stattdessen verpasste die Mannschaft am 19. Mai 2012 mit einer 1:4-Niederlage gegen den VFL Wolfsburg II den Aufstieg in die dritte Liga. Ein kleiner Trost mag da sein, dass die inzwischen nur noch 1000 Zuschauer trotz allem auf unsportliches Pfeifen verzichtet und „ihren" Jungs applaudiert haben ...

Kiel endlich endlich Kiel

endlich

Kanak Attack
Der Schwarm
Leinwand
Leinwand
Der Schwarm

Der Tod wartet nicht
Eisige Nähe
Kanak Attack
Eisige Nähe

Der Schwarm

Kanak Attack
Eisige Nähe
Tod an der Förde
Eisige Nähe
Kanak Attack

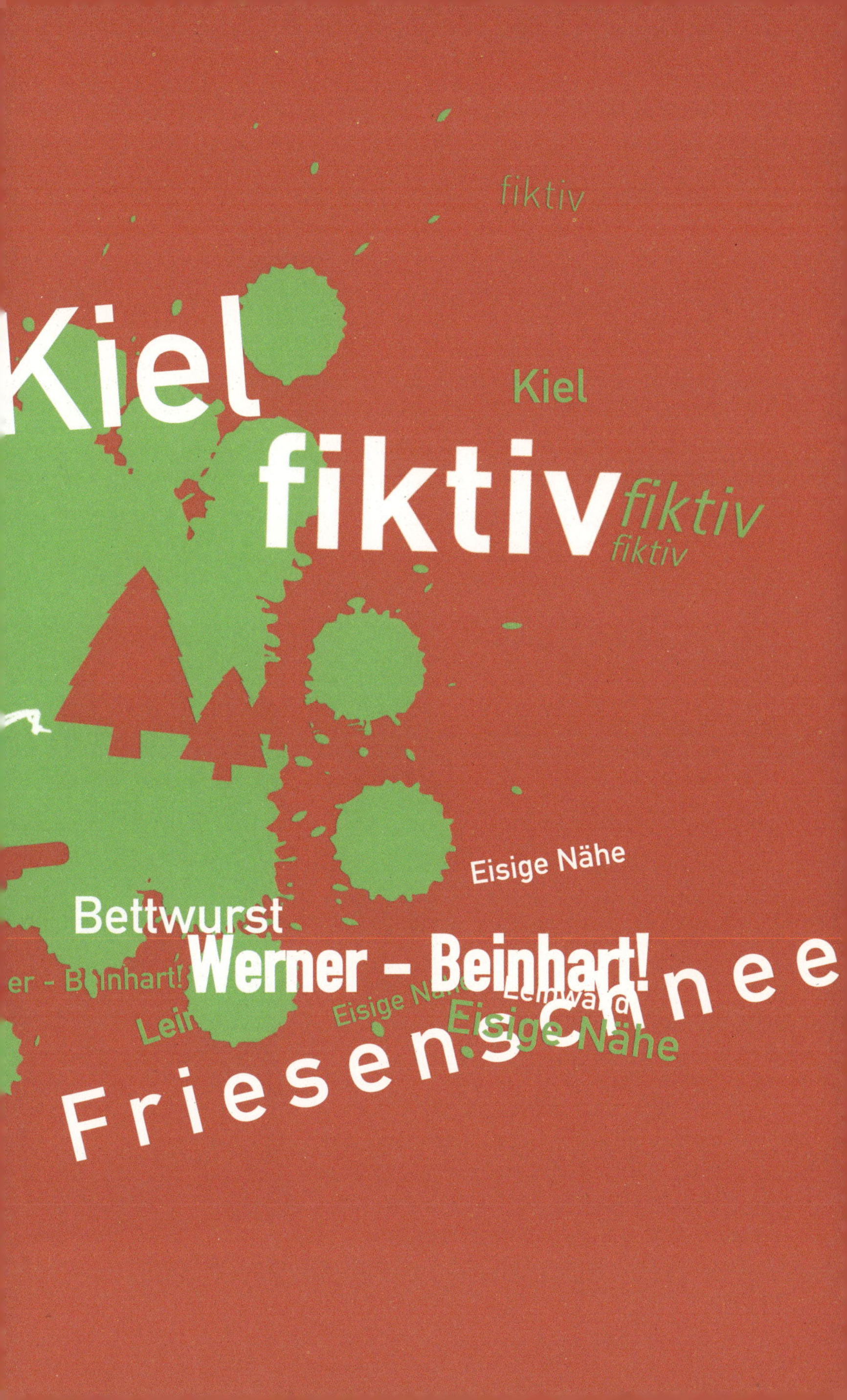
fiktiv
Kiel
Kiel
fiktiv
fiktiv
fiktiv
Eisige Nähe
Bettwurst
Werner – Beinhart!
Eisige Nähe
Eisige Nähe
Friesenschnee

Manchmal ist das Leben einfach schrecklich langweilig. Am Strand warst Du schon die letzten drei Tage, zum Shoppen fehlt das Geld, der beste Freund ist im Urlaub und überhaupt erscheint Dir Kiel heute wahnsinnig provinziell. Tja, das passiert den Besten und geht auch wieder vorbei. Wenn Du aber nun einmal heute das Gefühl hast, in einer weniger tollen Stadt zu studieren als Deine lässigen Freunde in Berlin oder Frankfurt, dann tut es gut, daran erinnert zu werden, dass Borowski hier Fälle löst und Feridun Zaimoglu hier schreibt. Flüchte Dich einfach ins „fiktive Kiel" und lass den schnöden Alltag hinter Dir!

Denn die nordische Stadt ist immer wieder Schauplatz von schönen, witzigen, traurigen, gruseligen und mehr oder weniger anspruchsvollen Geschichten. Hier folgt eine kleine Auswahl:

Kiel zum Lesen

Frank Schätzing: Der Schwarm
(Verlag Kiepenheuer & Witsch)

„Der Schwarm" erfreut sich einer großen Fangemeinde. Er hat vier große Literaturpreise gewonnen und bietet alles, was einen echten Schocker ausmacht. Zwar spielt er nur sehr am Rande in Kiel, dafür ist aber einer der Protagonisten, Gerhard Bohrmann, ein Tiefsee-Biologe am Geomar-Institut in Kiel. Und das nicht nur im Buch.

Zum Dank für seine Mitarbeit hat Schätzing den echten Geologen Gerhard Bohrmann als Figur in seinen äußert spannenden Thriller um eine finstere Gefahr durch eine intelligente, aus dem tiefen Meer

stammende Lebensform eingebunden. Der Geologe war Mitte der 80er-Jahre wissenschaftlicher Angestellter an der Kieler Uni und von 1991 bis 2002 in derselben Funktion am Leibniz-Institut für Meereswissenschaften in Kiel tätig. Da sieht man mal, wie spannend und gefährlich die Arbeit am IFM-GEOMAR sein kann!

Feridun Zaimoglu: Leinwand
(Rotbuch Verlag)

Kommissar Seyfeddin Karasu ermittelt in Kiel. Und da kommt einiges zusammen: Karasu verhaftet einen jungen türkischen Drogendealer, wofür ihn dessen Kumpel hassen. Dann verbrennen Jugendliche kaltblütig einen Obdachlosen. Und zuletzt wird in einem See die Leiche einer jungen Frau gefunden, eingewickelt in eine Leinwand. Ein echt schräger Krimi vom türkischen Multitalent aus Kiel, das Du hier oft beim Bäcker oder im Café nebenan triffst. Auch in einigen anderen seiner Werke spielt die nordische Stadt eine Rolle.

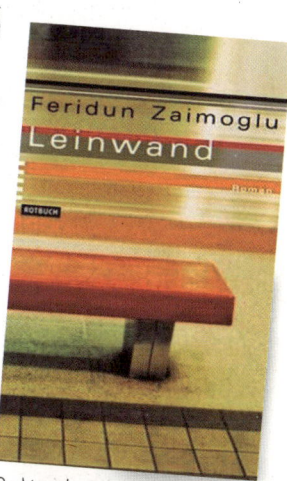

© Rotbuch, 2003

Stefanie Baumm: Der Tod wartet nicht
(Droemer Knaur Verlag)

Ein packender Thriller mit vielen Toten, einer geheimnisumwitterten Gutsfamilie und einem Kinderhändler-Ring. Leichen werden an den Strand gespült und in einem Kieler Krankenhaus sterben die Ärzte zusammen mit ihren Patienten. Neben „Am Anfang war der Tod" und „Unsterblich wie der Tod" ein neuer Fall für die Kieler Ermittler Armin Stahl

© Droemer Knaur Verlag

Kiel

endlich   endlich   Kiel

endlich

und Birger Harms. Und diesmal scheinen die beiden Kommissare nicht die Einzigen zu sein, die den Fall lösen wollen ...

Hannes Nygaard: Tod an der Förde
(Emons Verlag)

Das Buch gehört zur Hinterm-Deich-Krimireihe, hat aber als einzige Geschichte dieser Serie nicht Husum zum Schauplatz, sondern Kiel: Ein argentinischer Marineoffizier wird auf offener Straße ermordet, und bevor die Kripo so richtig ins Ermitteln kommt, wird ihr der Fall auch schon wieder entzogen. Ein unerschrockener Staatsanwalt und Kriminalrat Lüders wollen sich dem jedoch nicht fügen und bekommen prompt die Quittung.

© Emons Verlag Köln

Andreas Franz: Eisige Nähe
(Knaur Verlag)

Der erfolgsverwöhnte und unsympathische Kieler Musikproduzent Peter Bruhns wird gemeinsam mit seiner jungen Geliebten tot in seinem Penthouse aufgefunden. Somit steht das Ermittlerduo Sören Henning und Lisa Santos vor seinem dritten Fall.

Schnell wird klar, dass die beiden hier außergewöhnliche Wege gehen müssen, um den Täter zu finden. Was hat es mit der DNA einer Frau auf sich, die im Penthouse und an vielen weiteren Tatorten sicher gestellt werden konnte? Handelt es sich wirklich um eine Serientäterin? Santos und Henning geraten immer tiefer hinein in einen unwirklichen Sumpf aus Korruption, Menschenhandel und Wirtschaftskriminalität. Und dann ergibt sich ein erschreckender

Zusammenhang zum Fall der kleinen Nele ... Hier wird Kiel wirklich zur Metropole des Verbrechens!

Kurt Geisler: Friesenschnee
(Gmeiner Verlag)

Los geht's im alten Kieler Wasserturm. Während einer Theateraufführung (s. auch „Kultur und so", S. 188) gibt es einen brutalen Anschlag auf eine junge Frau. Alles spricht dafür, dass es ein Schauspieler eines Hamburger Ensembles war, der sich kurz darauf in den Tod stürzt. Aber ist er wirklich der Täter?

Komissar Hansen von der Kripo Kiel ermittelt und holt sich dabei Unterstützung von seinem Freund Stuhr. In Kiel ist dabei immer die Schaltzentrale, seine Wege führen ihn aber auch nach Hamburg und zu einem längeren Intermezzo auf die Insel Föhr.

© Gmeiner Verlag/Umschlaggestaltung: U.O.R.G. Lutz Eberle, Stuttgart, unter Verwendung eines Fotos von Kurt Geisler

Kiel zum Schauen

Kanak Attack
(Becker & Häberle Filmproduktion GmbH und ZDF)

Kiel mal anders: Hier werden nicht gerade die sympathischsten Seiten der Stadt gezeigt. Der Film erzählt in 13 Episoden die Geschichte des 25-jährigen Ertan Ongun und seiner Freunde. Die jungen Männer lavieren sich mit Drogen und Gewalt durch den Alltag. Neben Hamburg und Istanbul sind Hochhäuser, Bordelle, Kaschemmen, Parkhäuser und Dönerläden im Kieler Hafenviertel und in Kiel-Gaarden die Hauptschauplätze.

Kiel   endlich   endlich   endlich   Kiel

Hier begegnen Dir schauspielerische Meisterleistungen und eine Mischung aus bitterer Realität und überzogenem Ghettostyle, basierend auf dem Roman „Abschaum – Die wahre Geschichte von Ertan Ongun" geschrieben von dem Kieler Erfolgsautor Feridun Zaimoglu. Eine humorvolle Milieustudie mit derber Sprachwahl. Sehenswert!

Bettwurst
(Rosa von Praunheim Filmproduktion und ZDF)

Ein echter Klassiker von 1970! Rosa von Praunheim, experimenteller Filmregisseur und Mitbegründer der politischen Schwulen- und Lesbenbewegung in Deutschland, erzählt in äußerst skurrilen Bildern die Geschichte von Luzi und Dietmar, die sich an der Kieler Förde kennen und lieben lernen. Zunächst durchlaufen sie gemeinsam das gesamte bürgerliche Pärchen-Repertoire, vom gemeinsamen Tanztee bis zur Verlobung unterm Weichnachtsbaum, doch dann nimmt die Geschichte eine Wendung: Luzi wird entführt, Menschen werden am Strand erschossen und schließlich fliehen die Protagonisten mit einem kleinen Flugzeug in eine unbekannte Zukunft. Die Schauspieler sind Laiendarsteller und äußerst komisch. Neben ein wenig Strand und Förde sieht man hauptsächlich Luzis Wohnung – aber auch die ist in Kiel. Absolut schräg!

Werner – Beinhart!
(Constantin Film Produktion GmbH)

Rötger „Brösel" Feldmann kennt man nicht nur in Kiel, aber hier kennen ihn viele sogar persönlich. Kein Wunder, dass auch seine Filme einen engen Bezug zur Stadt haben. In Feldmanns erstem Film „Werner – Beinhart!" von 1990,

© Constantin Film Verleih GmbH.
Auf DVD im Handel

wohnt der Protagonist in einer Dachgeschosswohnung am Kieler Wochenmarkt.

Die Tatsache, dass es sich (zumindest teilweise) um einen Zeichentrickfilm handelt, tut dem Wiedererkennungswert keinen Abbruch. Denn auch die Straßennamen sind zum Teil echt. Genauso wie die alteingesessene Kieler Kneipe „Club Galerie 68" im zweiten Film „Werner – das muß kesseln" von 1996. Im Jahr 2011 war Rötger Brösel dann wegen der Dreharbeiten zu „Werner – Eiskalt" auch mal wieder persönlich in Kiel.

Tatort
(ARD, TV-Kriminalreihe seit 1970)

Seit über 40 Jahren gibt es den Tatort und beinahe ebenso lange wird auch in Kiel ermittelt. Von 1971 bis 1982 war Hauptkommissar Finke zuständig. Seit 2003 ermittelt Klaus Borowski, der einsilbige Kieler Hauptkommissar mit autistischem Potenzial, gespielt von Axel Milberg. Und Du bekommst eine Menge von Kiel zu sehen – wenn auch manchmal ein klein wenig anders zusammengesetzt als in der Realität. Das angebliche Kommissariat ist z.B. ein Gebäude auf einem früheren Militärgelände in der Wik. Übrigens hat sogar schon Henning Mankell Vorlagen für den Kieler Tatort geschrieben.

© NDR/Marion von der Mehden

Schönster Dialog aus der Folge Nummer 761 „Tango für Borowski" zwischen ihm und der Polizeipsychologin Frieda Jung, mit der er ein Verhältnis hat:

Sie: „Wir könnten ja heiraten!"
Er: „Ja, aber wen?"

Kiel   endlich   endlich   endlich   Kiel

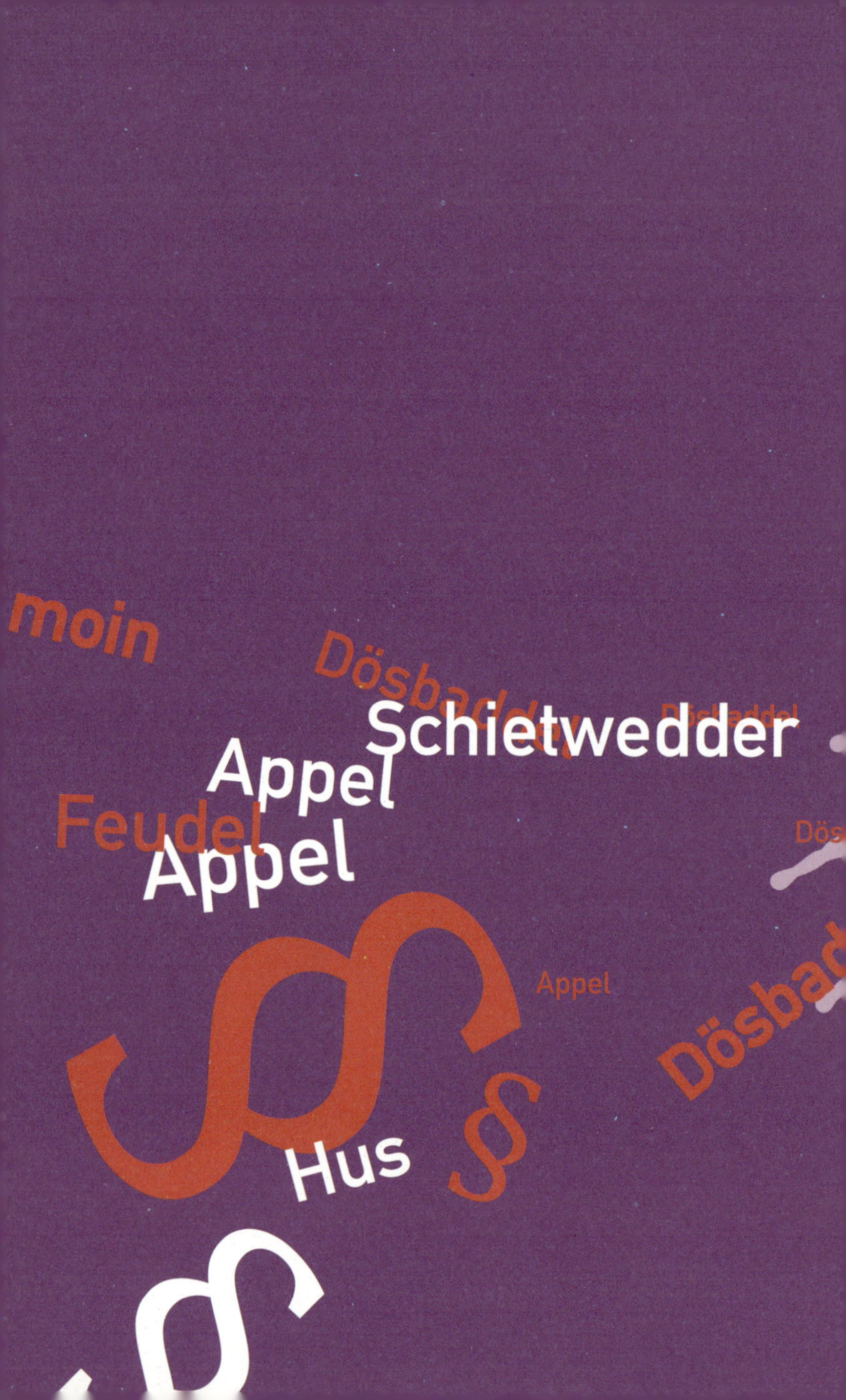

moin

Dösbad...

Dösaddel

Schietwedder

Appel

Feudel

Dös

Appel

Appel

§§

§

Dösbad

Hus

Sprachregeln

und nützliche

Vokabeln

Schietwedder

§

§ §

Feudel

moin

Appel

Dösbaddel

sbadder Appel

Dösbaddel

Appel

§ §

Schietwedder

sbadd moin

§

§ Hus

§ Feudel

moin

Appel

Dösbaddel

§

Schietwedder

Schietwedder

Backpfeife
fiedeln
Deern
kabbelig

Allgemeine Sprachregeln für die Straße

Eigentlich „schnacken" die Kieler ein schönes und klares Hochdeutsch – zumindest behaupten sie das gerne von sich ... Hin und wieder stößt man dann aber eben doch auf kleine Unregelmäßigkeiten. Das ist meist dann der Fall, wenn sich einzelne Wörter aus dem Plattdeutschen den Weg ins Hochdeutsche gebahnt haben. In welchen Fällen das z.B. vorkommt und welche Vokabeln Du deswegen unbedingt lernen solltest, erfährst Du in der Liste weiter unten. Aber auch jenseits einzelner Begriffe gibt es einige Besonderheiten, die Dir immer wieder begegnen werden.

§1 Moin!

Das obligatorische „Moin": Ohne geht einfach gar nichts! Schließlich handelt es sich hierbei um die Begrüßungsformel schlechthin, egal ob morgens, mittags oder abends. Sogar nachts triffst Du auf Menschen, die Dich mit „Moin" an Tankstellen oder in Kneipen begrüßen. Woran das liegt? Ganz einfach: „Moin" heißt nicht etwa „Guten Morgen"! Nein, es bedeutet „Hallo" oder „Guten Morgen/Mittag/Abend" in einem. Mit einem netten „Moin" kannst Du also gar nichts falsch machen.

§2 Wer braucht schon das „r"?

 Aus i/o/u + r mache i/o/u + a: Klingt kompliziert? Ist es aber gar nicht. Einfach die Worte ein bisschen strecken und schon wird aus „Dir" „Dia" und aus „Durst" „Duast".

 Das „e + r" verwandelt sich sogar nur in ein einfaches „a", wie bei „runta" statt „runter". Klappt natürlich auch bei anderen Worten wie „mia" (mir), „Koab" (Korb), „Wuast" (Wurst) und „nieda" (nieder).

§3 Wenn der Kieler mal traurig ist

Um großes Bedauern oder tief empfundenes Mitleid auszudrücken, benutzen die Kieler gerne mal die Wendung „Das ist doch Sünde!". Nun fragst Du Dich wahrscheinlich, was ein kaputtes Fahrrad mit Fehlverhalten biblischen Ausmaßes zu tun hat. Dies ist eins der wunderbaren Beispiele, wie die Nähe zu Skandinavien die Sprache in Schleswig-Holstein beeinflusst: „Det er synd!" ist nämlich dänisch und bedeutet so viel wie „Das ist schade". Die Flensburger übernahmen diesen Ausdruck zuerst in ihren Wortschatz, machten aus „synd" die Sünde und brachten ihn dann nach Kiel. Inzwischen kann man ohne das Wort „Sünde" schon fast gar kein Bedauern mehr ausdrücken.

§4 Besondere Wendungen

Auf ein Dankeschön antwortet der Kieler mit „Da nich für!" Das bedeutet im Grunde nichts anderes als „Kein Problem!" oder „Gern geschehen!".

Wenn der Kieler aber böse wird, hört man über den Adressaten des Gefühlsausbruchs oft den Ausspruch „Der bekommt die volle Breitseite." Dieser Ausdruck stammt aus der Seefahrt. Hier bedeutet er das gleichzeitige Abfeuern aller Geschütze auf der zum Feind gerichteten Schiffseite. Auf der Straße meint er nichts anderes, als dass jemand den ganzen Zorn abbekommt.

Macht der Kieler eine ungefähre Angabe, so sagt er gerne „um und bei".

Und dann gibt es natürlich noch das ... Kieler Platt!

Neben dem Hochdeutschen oder eigentlich „Standarddeutschen" (für alle Sprachwissenschaftler) wird in Kiel und Umgebung hin und wieder aber auch noch „Platt" gesprochen, also Niederdeutsch. Die

Kiel endlich endlich Kiel
endlich

hiesige Variante ist das Holsteinische. Weil das Niederdeutsche im Rahmen der Sprachencharta des Europarats offiziell anerkannt und geschützt ist, kannst Du in Schleswig-Holstein sogar Anträge an Behörden auf Platt formulieren und diese müssen sie dann ebenso bearbeiten.

Auch an schleswig-holsteinischen Schulen findet Unterricht inzwischen gezielt in Niederdeutsch statt. Vermutlich werden aber Deine Plattdeutsch-Kenntnisse nie soviel hergeben, dass Du in der Lage sein wirst, es richtig zu sprechen oder gar Schriftstücke auf Platt zu verfassen. Den Dialekt – oder handelt es sich doch um eine eigene Sprache? Das ist übrigens strittig! – zu verstehen, kann aber durchaus Vorteile haben. Daher hier für Dich einige Übersetzungshilfen:

§1 Diphthonge werden zu Monophthongen

 „eu" wird im Plattdeutschen zu „üü": „plattdeutsch" – „plattdüütsch", „Leute" – „Lüüd"

 „au" wird zu „u" oder „o": „Bauer" – „Buer", „zu Hause" – „tohuus", „auf" – „op"

 „ei" verwandelt sich in „i" oder ein langes „e": „bei" – „bi", „Beispiel" – „Bispill", „Bein" – „Been", „Vorteile" – „Vördeele", „Stein" – „Steen"

§2 Vokal-Spektakel

 „u" wird manchmal zu „oo" oder „o": „tun" – „doon", „Gutes" – „Goodes", „Mutter" – „Modder". Andersrum funktioniert das aber auch: „Rolle" – Rull", „von" – „vun", aber auch mal: „kommt" – „kümmt" ... hach ja, so ist das mit den Regeln.

 „a" verwandelt sich gerne mal in „o": „damit" – „dormit"

 Und ganz vieles wird zu „ö": „fühlen" – „föhlen", „für" – „för", „voran" – „vöran", „Hilfe" – „Hölp"

§3 Die Konsonanten

 „ch" wird zu „k": „Ich" – „Ik", „sich" – „sik"

 Alles, was zischt wird zu „t" oder „tt" , nämlich „s", „z" und auch schon mal „tz": „das" – „dat", „zu Hause" – „tohuus", „seit" – „sitt", „sitzen" – „sitten", „Zeit" – „Tied"

 „b" wird zu „v", „w" oder „f": „Fieber" – „fever", „aber" – „aver", „übernehmen" – „övernehmen", „gibt" – „gifft", „lieber" – „lewer"

 „Sch" gibt es nicht. Alles, was man im Standarddeutschen „Scht", „Schp", „Schw", „Schl" oder ähnlich ausspricht, wird im Niederdeutschen zu „s-t", „s-p", „s-w", „s-l" usw.

§4 Die Ähnlichkeit zum Englischen

Wenn Du Platt hörst, wirst Du an vielen Stellen denken: „Moment, das kommt mir englisch vor! Das kenne ich doch!" Und damit hast Du absolut Recht. Das liegt an der gemeinsamen Sprachgeschichte und einer bestimmten Lautverschiebung. Die hat südlich einer gedachten Linie stattgefunden, die ungefähr vom heutigen Düsseldorf über Kassel bis zum polnischen Allenstein führt und das Niederdeutsche von den hochdeutschen Varietäten trennt. Im Englischen, in den skandinavischen Sprachen und eben im Niederdeutschen gibt es sie nicht.

Du findest daher nicht nur ähnliche Aussprache-Regelungen, wie z.B. bei englisch „water" und niederdeutsch „Water", auch einige Vokabeln und Wendungen sind ähnlich. So gibt es im Niederdeutschen den Ausdruck „as", im Gebrauch von „wie" oder die Bezeichnung „schall" für „soll".

Willst Du öfter mal eine Dosis Platt, schau doch mal auf der entsprechenden Seite der Kieler Nachrichten vorbei.
www.kn-online.de/Schleswig-Holstein/Platt

nützliche Vokabeln, s. nächste Seite

Kiel   endlich   endlich   Kiel   endlich

Vokabeln für den Alltag

Appel	Apfel
Backpfeife	Ohrfeige
Berliner	Krapfen / Pfannkuchen
betüddeln	jemanden umsorgen
betütern	sich einen Schwips antrinke
blaue Jungs	Bezeichnung für Seeleute
Buddel	Flasche
Büdde	Bitte
Deern	Mädchen
Dösbaddel	Dummkopf (ist Dir vielleic durch Käpt'n Blaubär ein Begri
Düwel	Teufel
etwas verdaddeln	etwas vergessen
Feudel	Wischlappen
fiedeln	Geige spielen
flütten	umziehen
Fregatte	alte Frau
herumdümpeln	unsinnig irgendwo herumsteher -sitzen
Hus	Haus

kabbelig	unruhig (bezieht sich auf die Wasser-oberfläche)
kieken	gucken
klönschnack	Gespräch
knust	Endstück vom Brot
knusig	geizig
längs gehen	entlanggehen
Leuwagen	Scheuerbürste (haben ältere Leute gern noch im Repertoire)
lütt	klein
Placken	Schmutzfleck
pladdern	stark regnen
Puuschen	Hausschuhe
Schietwedder	schlechtes Wetter
schlusen	unordentlich arbeiten
schnacken	reden, plaudern
Tied	Zeit
tüddeln	spinnen
Tüffel / Töffel	Tollpatsch
vertellen	erzählen

Bildnachweis Titel:

© Uwe Kersting (Kiel-Motive); © rap verlag

Bildnachweis Inhalt:

Die Bildrechte liegen beim Verlag. Abweichende Bildrechte:
S. 10-40, 42-52, 100, 161 o., 208 © rap verlag, Fotos: Jacqueline Melzer; S. 41 © Landeshauptstadt Kiel / Sabine Bodenburg; S. 66 © Bioladen am Belvedere e.K.; S. 77 © Studentenwerk Schleswig-Holstein; S. 85, 100 © Forstbaumschule Steen GmbH; S. 90 © STATT-Café; S. 94 © TRAFO Kiel; S. 106, 121, 124 l., 129, 131, 156 o., 160, 163 u., 166 u., 168, 170, 200, 210 © Landeshauptstadt Kiel / Bodo Quante; S. 60, 107, 109, 119, 124 r., 144, 151, 162, 163 o., 166 o., 169 o., 177, 185, 199, 206-207, 209, 211-213 © Uwe Kersting; S. 111, 202 © Landeshauptstadt Kiel / Anita Nanninga; S. 112 © Kiteschule Kiel – Dunemann & Raabe Gbr; S. 118 © Hochseilgarten Altenhof; S. 118 © Rainer Sturm / pixelio.de; S. 120 © sommerschmiede – Nebelung & Petersen GbR; S. 125 © MeridianSpa Sophienhof; S. 130 © Grusellabyrinth Kiel GmbH; S. 137 © Kultdiscothek tamen-T; S. 137, 184 © Mediendom der Fachhochschule Kiel; S. 156 u. © Rehr-Unrath / Freilichtmuseum; S. 157, S. 161 u. © Aquarium GEOMAR / Foto S. 157: Pollak; S. 164 © Landeshauptstadt Kiel / Sven Meier; S. 167 © NoLimits24 GmbH & Co. KG; S. 169 u. © Landeshauptstadt Kiel / Anita Vreier; S. 175 © Schleswig-Holsteinisches Freilichtmuseum; S. 176 o. © Landeshauptstadt Kiel / Nicole Bettin; S. 176 u. © Computermuseum der Fachhochschule Kiel; S. 179 © kielkind – Galerie für Plakatives & Illustratives – Schwarz und Kalthoff GbR / Carl Smith; rare birds; S. 180 © Atelierladen Wirklich – Katharina Kierzek; S. 188 © Theater Augenblicke e.V.; S. 188 © Theater Augenblicke e.V.; S. 193-194 o. © Landeshauptstadt Kiel / Kultursommer; S. 194 u. © www.bergmann-gruppe.net – Duckstein Festival Kiel; S. 216 © Kiepenheuer & Witsch GmbH & Co. KG, Köln; S. 217 o. © Landeshauptstadt Kiel / Nadine Rathjen; S. 217 o. © Rotbuch Verlag; S. 217 u. © Droemer Knaur Verlag; S. 218 © Emons Verlag Köln; S. 219 © Gmeiner Verlag/Umschlaggestaltung: U.O.R.G. Lutz Eberle, Stuttgart, unter Verwendung eines Fotos von Kurt Geisler; S. 220 © Constantin Film Verleih GmbH; S. 221 © NDR/Marion von der Mehden;

Der Verlag bedankt sich bei allen Institutionen und Firmen, die uns Informationen und Fotos zur Verfügung gestellt haben. Die entsprechenden Rechte verbleiben bei den jeweiligen Rechteinhabern.